蜥蜴《とかげ》の尻っぽ

とっておき映画の話

野上照代

JN131690

草思社文庫

蜥蜴《とかげ》の尻っぽ◉目次

第四章　不死鳥は飛ぶ　114

第五章　映画『母べえ』の原風景　146

第Ⅱ部　エッセイ集　落葉の掃き寄せ　167

蜥蜴《とかげ》の尻っぽ

とっておき映画の話

本文イラスト　野上照代

第Ⅰ部

インタビュー

さらば、〝黄金の日々〟よ

ウッヒヒ

第一章　焼け野原の青春

『赤西蠣太』の衝撃

――野上照代さんといえば、『羅生門』以降の黒澤明監督を支えてきた人というイメージが一般的だと思いますが、映画との出会いということでいえば伊丹万作監督の『赤西蠣太』だったわけですね。昭和十八年、野上さんはそのとき十六歳。そこから野上照代の人生が始まっている、と言っていい。なぜ『赤西蠣太』を見ようと思ったのですか。

野上　なにしろ六十年以上も昔のことですからね、覚えていませんよ。ただ映画ってすごい、と思う。たった一本の『赤西蠣太』がその後の人生を決めるキッカケになったのだから。ま、誰にでもそんなことってあるのだろうけど。

それは私が都立家政女学校に通っていたころで、すべての出発はそこだった。『赤西蠣太』が作られたのは昭和十一年だからその七年後ということになりますが、昭和十八年の何月に見たのか、まったく覚えていないのです。映画館も私のいいかげんな記憶でいうと、三軒茶屋の「東京倶楽部」とかいう映画館だったような気がする。

――そのころのお住まいは高円寺だから、三軒茶屋は遠いといえばけっこう遠いですよね。

野上　父親の厳がきっかけを作ってくれたのね。父親はそのころ「治安維持法」に引っかかって留置場を出たり入ったりしていました。俗にいう「タライまわし」です。父は昭和十三年に拘置所に入れられましたから、その前の十二年だと思うんです。父が、本棚の上のほうにもいっぱいあった雑誌の中から今でもある『ダイヤモンド』という経済雑誌、グリーンの表紙だったな、それを開いて、小さい囲み記事の映画評論を指差し、「これはおもしろいんだよ」と言ったような気がする。気がする、気がするばかりで申し訳ないけど、でも、どうやって三軒茶屋まで行ったんだろう。

――伊丹万作とか、原作者である志賀直哉という名前はご存じでしたか。

野上　志賀直哉は知っていました。

――「赤西蠣太」は読んでおられましたか。

野上　映画を見てから読みました。原作はものすごく短くて、映画と全然違うのでびっくりした。そのころの私には、この原作をああいうふうに映画にしたことに感心するなんていう、専門的な知識はありませんでした。でも、映画はとにかく面白かった。その後も何度も見た。だんだん見方も変わるけど、見れば見るほど感心する。

——お父さんは当然、見ていらした。

野上　いえ、見ているはずがないと思いますよ。父がそう言ったのはきっと、原作が志賀直哉だからです。伊丹さんについては、父からそんな名前すら私は聞いた覚えがない。

——映画を見てすぐお手紙を書いたんですか。

野上　すぐだったかどうか、なんて書いたのかもあんまり覚えてないのだけど、もちろん感心したから書いたのは確かです。

伊丹万作（1900-1946）

　女学校のころの私は文学少女で、仲のいい友達とよく小説を書いて交換していた。彼女はうまかったなあ。彼女の文章を今でも言えるくらい、覚えてる。戦後、アメリカへ行っちゃったけどね。

　でもなんで志賀直哉だったんでしょうねえ。ずいぶん読んではいました。「小僧の神様」とかね。あのころの私なんて寿司を食べたこと、なかったもの（笑）。永井荷風や島崎藤村なんかは、ほとんど読まなかったですね。

――伊丹監督にお手紙を差し上げて、返事はすぐ来ましたか。

野上　すぐ来ましたね、京都から。ちょうど『巨人傳』で興行的にも失敗して、伊丹さんは京都へ引き揚げておられた。そのころはもう肺結核を病んで寝ておられましたから、時間があったのだろうとは思いますが、すぐ封書で来ましたね。流麗な、いい字でした。

――それから手紙の交換がはじまったわけですね。

野上　そう頻繁でもないけど、学校での出来事や先生の話なんかつまらないことを書いていた。

――野上さんの手紙も伊丹さんの返信も残っていないということなので、覚えている範囲で結構ですので、教えてください。

野上　あのころは高円寺の家から中野区鷺宮の都立家政女学校へ歩いて通っていたんです。そのあいだに陸軍中野学校の電信隊の原っぱがあった。その原っぱによくネコが捨ててあって、そのネコを拾って帰った話とか。それから電信隊の原っぱだから、兵隊さんがいつも棒杭を地面に打っていて、その棒杭を抜いた穴のなかにコオロギがいっぱいいるの。手をつっこんで捕まえるときにコオロギがゴソゴソ暴れる、その感触を憶えています、なんて話。それからその原っぱのそばに大場川というのがあって、そこで捕ったオタマジャクシを瓶に入れて、うちで飼っていますとか、そんな話ばかり伊丹さんに書いていた。

そしたら伊丹さんの返信で、便箋にネコの写真が貼ってあってね、「ウチノ猫デス。手古《テコ》トイイマス」なんていうのもあったわ。いつごろだったか、「うちの家内があなたの写真を見たがっていますから送ってください」なんていう手紙もらって、悩みましたよ。「私はあんまりいい顔もしてないし、送りません」って書いた記憶はあるんだけど、でも後年、お嬢さんのゆかりさん（大江健三郎夫人）にその話をしたら、「いやあ、写真見たような気がするなあ」と言うんですよ。だから、送ったのかもしれない。

――交信はどのぐらいのペースでしたか。

野上　伊丹さんから返事がくるとまた書いたりしていたから、わりあい頻繁だった気がします。そしたら伊丹さんが、「あなたの手紙は、何も頼んでこないのがいい」と言ってくれたんですね。だいたいあのくらい有名な監督になると、脚本を読んでくれとか、弟子にしてくれとか、どこか紹介してくれとかが多いのでしょうね。私の手紙にはそんなこと一切なかったし、「あなたの手紙には誤字がありません」と。そのときに、ほんとうに私は何度も読んだから覚えているんですけど、カタカナで、「アナタハ私ノ弟子デス。デハ何ヲ教ヘルノカト聞カレルト困リマスガ、何モ教ヘナイ弟子ガヰテモイイデハアリマセンカ」と書いてくださった。

──最初に返事がきたときはいかがでした。天にも昇るような気持ちでしたか。

野上　そりゃ、嬉しかったですよ。第一、とっても字がきれいで、しかも〝伊丹用箋〟という、赤い字が印刷されている特注の原稿用紙でくださるんですよ。ぜいたくな人でしたから、なんでも最高のものを使っていたんだそうです。終戦間際には用箋を半分に切って、表と裏を使ったりしましたけどね。

敗戦と帰京

──年譜からいうと、野上さんは都立家政女学校を昭和十八年に卒業して、文部省図書館講習所に入っておられます。

野上　そのへんは父親が全部やってくれたんですよ。普通の女学校は五年までありますけど、都立家政は四年までなんです。図書館講習所には卒業後の勤務義務はあるのですが、月謝が必要ない。父親がすすめてくれたのですが、今考えてもあの養成所へ通ったことはよかったと思う。なぜかというと、林達夫とか青柳瑞穂とか、いわゆるリベラルな先生たちが講師だったんです。当時はあまり職がなかったということもあったんでしょうね。

青柳先生とは戦後、阿佐ヶ谷で再会、井伏（鱒二）先生たちと飲み歩きました。ジャン・ギャバンみたいな顔をされた方で、モーパッサンの翻訳や骨董のほうでも知られた方です。当時の国会図書館（名称は「帝国図書館」）は上野にあって、講習所はそこに付属していたのです。だから勤労動員はありましたが、隣の帝国図書館の出庫係、つまり本を出したりしまったりするお仕事なのね。そのころはエレベーターがなかったから、ドタドタ階段を駆け上がって本を出したりしまったりしていました。工場へ行かないで、そういうところで勤労奉仕していたんです。

それから非常によかったのは、本の背表紙が読めないといけないから、英語はもちろんだけど、ドイツ語、フランス語を一応、教えてくれたのです。一年間だからたいして学べなかったけど、それは後々役に立って、幸運だったと思っています。

――養成所を卒業したのは、十九年三月ですか。

野上　ええ。下町を一夜のうちに焼け野原にした東京大空襲は翌年の三月十日で、幸い一年ちがいで私はそれに遭っていない。私は卒業後すぐに山口高等学校（旧制。現・山口大学）の図書館に勤務した。山口は父母の故郷で、父は山口高等学校を卒業しているので、そこの先生に頼んでくれたの。

――図書館に勤める上で司書の資格がありますよね。それはお取りになっていたのですか。

野上　いや、資格試験を受けてないから持ってない。養成所はあのころにしては珍しい男女共学で、二十人くらいいたかな、戦争中なのにロマンチックでね、満開の桜の下を黒いマントをひるがえして歩く青年がいたり、オルガンを弾く男子生徒に魅力を感じたり。あのころの上野の山には、都内で唯一、何となく、多少、自由な雰囲気があったように思います。

――そんな上野を離れて、山口へ行かれたんですね。

野上　疎開する姉（初恵）と一緒に山口に向かいました。姉は、西厚（山口県美禰郡西厚保村。現・美祢市西厚保町）と呼ばれる農村にある母方の祖父の妹（大叔母）の家、食べ物のいっぱいある農家に疎開し、私は勤めがあるため山口市内の祖父の弟（大叔父）の家に世話になることになった。私も、図書館勤務をしているといっても、まあ、疎開みたいなものです。

そんなふうに、子供二人だけで東京を発ったのだけれど、不思議なことに全然、悲壮感がないの。子供だからわかってなかったのかな。親のほうも親のほうで、これが最後だなんていう泣き別れもしない。そんな記憶はまったくない。

――じゃあね、みたいな感じですか。

野上　そんな感じ。どうしてかなと思うんだけど、あのころは、しょうがないと思っていたのかな。

私が世話になった祖父の弟は元軍人で、闇はいかん、と言う。姉は白いメシをいっぱい食べていたのに、私のほうは食べるのにほんとうに苦労したわ。そこの家のおばあさんが食用ガエルを捕まえてきたりして飢えをしのいでいた。食用ガエルを私、そのとき初めて食べた。でも夏の夜は蛍が飛び交ってきれいでしたね。

――それで終戦を山口で迎えた。

野上　終戦は旧制山口高校の体育館で、汗臭いなか、暑いなか、生徒と一緒に玉音放送を聞きました。でも、放送が何を言っているのか、全然聞きとれない。でも、とにかく戦争が終わったらしいと私は嬉しくて、体育館の裏から図書館へ帰るとき、飛び石伝いに跳んでいたらドイツ人の先生に会い、ひとつおぼえのドイツ語で「アウフ・ビーダーゼーエン！」と言ったことを憶えている。

ところがなかには、敗戦が嬉しくない人がいた。私はむしろ、そのことにびっくりした。田舎の百姓家に疎開していた姉から聞くと、放送を聞いてみんなでワンワン泣いていたというから、「なんで泣くんだろう、空襲がなくなって電気が堂々と点けられていいじゃないの」と言ったことを憶えている。

――広島のことは聞いていらっしゃいましたか。

野上　原爆投下のほんのちょっと前、山高の体育の先生が広島の軍隊へ入るというので広島行きの汽車に乗って行ったんだけど、広島の手前で止められて行かれなくなったと言って山口に帰ってきた。そのときに、なんかすごい爆弾が落ちたらしいという話は聞きましたね。その先生は一命をとりとめたわけだけど、とにかく噂では「ものすごい爆弾らしい、新しい爆弾だ」と、みんな言いあっていた。

秋になって、山口に母親が迎えにきて、姉も一緒に帰京した。途中、汽車の窓から広島を見たのですが、すごかったですねえ。広島市の被爆地を通過するときみんな窓に駆け寄ったけど、見渡すかぎりの焼け野原で、建物とか人の生活臭とか、何もない。とにかく、汽車が走っているあいだ、何もなかった。

東京に帰ってからは、戦争中に高円寺の家は焼けちゃったから、一家は新しく阿佐ヶ谷というか、天沼の家へ引っ越していた。それは洋館建てのわりといい家だったのよ。疎開するとき二束三文で大屋敷を売って出て行った人もたくさんいて、そんな焼け残った家のひとつ。だからわりと大きな家ではあるんだけど、半分はまったく赤の他人が住んでいて、台所も便所もみんな一緒に使うの。どこのうちもそんな具合だったから我が儘言ってもしかたないのだけれど、とにかく、そんなところに山口から帰りました。中央線の阿佐ヶ谷駅からその家までけっこう距離はありましたけど、そこを母と買い出しの芋をかついで歩いた終戦直後の記憶がある。

──そこから昭和二十二年に八雲書店に入社されるまでのお話をお聞かせください。

野上　父の紹介だったと思うけど、私は戦後、まずは共産党へ入った。木造の掘っ建て小屋のような代々木の本部へ行って、建物も階段もがたぴししていたけれど、でももうみんな張り切っちゃって、急ぎ足で階段を上ったり下りたりしてた。

――現在の共産党本部のある場所でしょうか。

野上　場所は同じでしょう。踏み切りの向こうという記憶がある。その本部でよく、徳田球一とか伊藤律なんかとすれ違いました。もちろん向こうは私のことなんか知らないけど。

私はなにをしていたかっていうと、宣伝ビラのガリ版刷り。本部の横の掘っ建て小屋の中にガリ版を刷る部屋があって、そこで一生懸命刷っていた。給料は出てたかなあ。とにかくみんなが張り切っていて、明日にでも革命が起こるような気持ちでやっていたような記憶がある。

でも、私はほんとうに幸運なんですよ。共産党本部にはいろんな人がいましたけど、後に中央委員になるSさんという幹部が、なぜか私にいろいろ教えてくれた。その人が私に「あんたは文章を書く才能があるから小説家になれ。とりあえず、出版社を紹介してやる」と言ってくれた。彼は風変わりな面白い人でしたね。「共産党は一種の宗教だよ」なんて笑って言った言葉が、私にとっては〝目からウロコ〟でしたね。その人が私の共産党熱を冷ましてくれたんです。それで、私はまだ若かったものだから、ガリ版の中で「共産党は宗教だ」なんて書いたんですよ。当然、統制委員会へ呼ばれて、叱られた。
それと、当時の中央委員で黒木重徳という人がいたんですけど、父が姉をその黒木さんと結婚させたんです。その黒木さんもすごくいい人でしたけど、彼は衆議院議員に立候補して、その立会演説中に心臓麻痺で亡くなりました（昭和二十一年三月十六日）。結婚してから一年もたたないころですよ。当時の共産党といったら、朝から晩まであっちこっち演説ばっかりでしたから、過労がたたったんでしょう。その後、私は父の親友の江森盛弥という詩人の世話で、「人民新聞」というところへ入った。共産党の文化部発行みたいな新聞でしたけど。

――「人民新聞」の社屋はどこにあったのですか。

野上　新橋でした。懐かしい青春時代ですね。早稲田大学出身で安藤昌益の研究もされた論客の寺尾五郎もいた。あとは慶応ボーイの三人組がよく私と遊んでくれました。菊田一夫の弟子でのちに「お姉さんといっしょ」を作詞したり、モノクロ時代のＮＨＫの人気連続ドラマ『バス通り裏』を書いた筒井敬介。それから菊池章一。彼は「新日本文学会」の評論家で、奥さんは文学座の女優・荒木道子さん、つまり荒木一郎のお父さんです。もうひとりは長橋光雄といって演劇評論家。この三人が映画『自由を我等に』の歌、「ア・ヌ、ア・ヌ、ラ・リベルテ！」と歌いながら焼け跡を歩いていた。
仕事が終わった後、筒井さん、菊池さんたちとコーヒーを飲みにいく、それが唯一の贅沢だった。コーヒー代は七銭、それがあの荒涼とした新橋です。

——そのコーヒーの味はいかがでしたか。

野上　記憶にありませんねえ。戦後は解放された勢いで、とにかくもう元気一杯でした。私は若いころ惚れっぽい性格だったから、そのときは菊池章一で、いつも一緒に歩いていた。そんな楽しみしかなかったんだなあ、あのころは。菊池さんがくれた『セルバンテス短編集』なんて今でも持っています。彼がコラムの中で「比喩は論理ではない」と書いていたのを憶えてる。

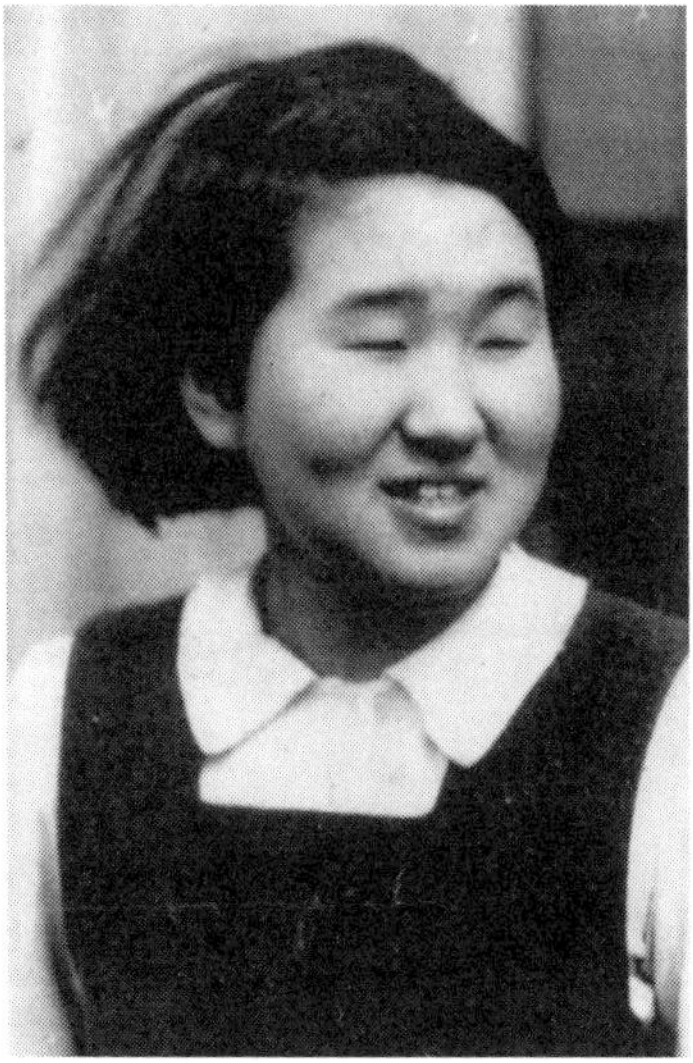

人民新聞社の屋上で、十九歳の著者

「人民新聞」には、いわさきちひろさんもいた。なんだかいつも黒い服で、イスラムの女みたいだった。あんまり、笑ったり話したりもなかった。暗い印象でしたね。だから今、彼女が描いた可愛らしい女の子の絵を見ると、不思議な気がする。あのころは、なにか辛いことがあったのかもしれない。

雑誌編集者になる

――それから八雲書店に移るわけですね。

野上　「人民新聞」にいるころ、代々木の本部の踏み切りの向こうに本屋があって、そこで立ち読みでもしたんでしょう、中央公論社が婦人雑誌の雑誌記者を募集しているのを知って、応募したんです。面接までいったけれど、その面接のときに「そもそも婦人雑誌の〝婦人〟というのが間違ってる」、なんて言ったのがいけなかったのかどうかわからないけど、落ちました。そのあと新聞で「八雲書店」が募集しているのを見たの。私は、新聞はもういい、雑誌にいきたいと、思っていた。

八雲書店の入社試験では草柳大蔵さんが一緒で、後で聞いたんだけど、彼と私は筆記試験で百点満点だったとか。問題も易しかったけどね。あのころは出版社といったって、戦争でビルなんてないから、社屋はちょっと大きな普通の家、東大の赤門の真ん前なの。当時としてはわりと洒落た洋館で、二階が編集室で一階が営業部だった。

――八雲書店は『近代文學』創刊号の版元ですけど、『近代文學』は戦時中に転向した〝転向左翼〟の溜まり場です。どんな雰囲気でしたか。

野上　当時の成金というと語弊があるけど、そういう人がつくった出版社じゃないかな。たしか『近代文學』の編集同人で文芸評論家である久保田正文という人が八雲書店の取締役をしていたと記憶しています。

――『近代文學』の創刊は昭和二十一年一月ですから、おそらく二十年の終わりぐらいに社ができたのですね。

野上　私が入ったとき『近代文學』はすでにありましたが、この雑誌の編集は同人制でした。社がオリジナルに編集する雑誌として創刊しようとしたのが『八雲』という総合雑誌。先に八雲書店は『藝術』という雑誌も出していましたが、高踏的でしたから、それと対になるような大衆誌にしようというので、編集部員を募集して私や草柳さんが採用されたのね。草柳さんは『藝術』のほうへ、私は『八雲』へ配属されました。

表紙を洋画家の三岸節子さんに頼もうということになり、私も三岸さんのところへ行きましたよ。そしたら三岸さんが玄関でいきなり「私は高いわよ」なんて言った。まだこっちは駆け出しだから、高いも安いもわからないのにね。

――すると配属は『八雲』編集部ということだったのですね。

野上　ええ。編集部員は四人ぐらい。私はいちばん下のぺーぺーで原稿をもらいに行くだけ。井伏鱒二、坂口安吾、椎名麟三、石川淳、内田百閒さんといった先生たちのところへ行きました。もう内田百閒先生に会ったことのある人なんか、ほんとうに少ないでしょうね。

その頃、駆け出しの私が編集会議で提案したんだけれど、内田百閒、井伏鱒二、それに新進放送作家の三木鶏郎を加えて鼎談をしようと。その交渉で百閒さんの家へ行きました。四谷だったな。編集長と二人で外に立って、突っ立っている大きな百閒さんに頼んだけれど、勿論うんとはおっしゃらない。そこで編集長が、当時貴重な一升ビンの包みを差し出すと、突然変異でね、たちまちオーケーなんですよ。早くそっちを出せ、といわんばかりで、笑っちゃいましたが。鼎談は百閒先生と井伏先生二人が話してばかり。三木さんは子供扱いで、この企画は失敗でしたが。

――八雲書店の出版物の中には太宰治の全集がありますね。

野上　そう。その全集を出すために戸石泰一さんが入社した。東大で阿川弘之さんの後輩だった方で、彼が太宰と親しいということで入ったわけです。

――井伏鱒二先生とはその後長いお付き合いになるわけですが、そのころ井伏先生は当然、荻窪にお住まいだったんですよね。

野上　そうです。先生は疎開されたときが少しありましたけど、昭和二年から荻窪です。井伏先生の奥さんが私の顔を見ると何度も、「野上さんがうちに初めていらしたころは着物を着てねえ、着物の袂から卵を出してくれたじゃないの」なんて、よくそうおっしゃるんですが、私はあまり覚えてないのね。書いていただくのにお土産に、当時まだ貴重だった卵を持っていったんでしょうね。

最初は原稿取りだけだったわけですが、でも作家って面白いもので、そのころは私も若かったから、若い女の子が原稿を取りにくると、すぐ飲みに連れて行ってくれるんです。好きなのよね、そういうことが。井伏先生ばかりじゃなくて、みんなそうでしたよ。

私の八雲時代、当時は阿佐ヶ谷駅の近くに屋台の飲み屋があって、そこへ若い女の編集者を連れて行くのが得意なわけよ。だから私なんかあっちこっちへと連れ出された。べつに綺麗じゃなくてもいいの、若い子ならね。

――男の見栄ですね。

野上　こっちは男の見栄なんて、そのころまだわからないから、ちやほやされて喜んでついて歩いて、それでずいぶんあっちこっち行きましたよ。それがいつまでたっても同じでね、井伏先生は。歳とってからでも、家に行くとすぐ出ようって、飲みに出るんです。

――作家は、それを楽しみに仕事しているみたいなところがあるんでしょう、誰か編集者が来たらあそこへ誘おうとか、ここへ連れて行こうとか……。外村繁さんとか上林暁さんとかにもお会いになっておられますか。

野上　会っています。彼らだけではなく、いわゆる中央沿線作家グループといわれる作家にはたくさん会いました。藤原審爾さんは阿佐ヶ谷の駅から当時私の家があった天沼北へ向かっていく途中、左側に新聞販売店があるのですが、その二階にあのへんの文学青年を集めて私塾のようなものでしょうか、やっていましたね。まだそんなに売れていないころですけどね。

――藤原審爾さんは外村繁さんの弟子筋に当たるそうですが、親分肌の人で、作家予備軍の人たちへの面倒見がとてもよい人だったと聞いています。同じく阿佐ヶ谷に拠点があった梶山季之さんと似たようなタイプの人だったようです。吉田喜重監督の名作『秋津温泉』の原作者で、女優の藤真利子さんのお父さんでもあります。

野上　八雲書店の連中は会社が潰れたあと、戦後ジャーナリズムの方々へ散っていきましたね。草柳大蔵さんもそうだった。『現代用語の基礎知識』を出した自由國民社に拾われて、そこで大宅壮一先生のお弟子になってからフリーになった。昭和三十一年に新潮社が初めて出版社系の週刊誌『週刊新潮』を出すというので、そこに合流してから一挙に花開いた。

同じく八雲から『週刊新潮』に行った高原紀一さんは砧の東宝撮影所まで私に会いにきて、「映画のコーナーに何を書けばいいのか教えてほしい。創刊号だから、新味のあるものにしたい」って相談を受けたぐらいだった。

――『週刊新潮』はそういうフリーのジャーナリストたちの、最初の受け皿になりました。新聞社の週刊誌のほうには、けっこうそれまでの新聞社系のライターがいた。

でも、文士系というか、作家予備軍みたいな人たちは、『週刊新潮』が最初の受け皿になった。続いて昭和三十三年に集英社が『週刊明星』を、三十四年に文藝春秋が『週刊文春』を創刊します。梶山季之さんは『週刊文春』で大活躍された。

野上 八雲書店にいた優秀な編集者、原敏さんも『平凡』を出していた昔の平凡出版、いまのマガジンハウスに移った。

——一九五〇年代後半から六〇年代にかけては、雑誌ジャーナリズムの隆盛期だったですからね。

野上 そうね。そういう点では面白いな、あのころの出版界ってね。みんながいろんなところへ散っていき、そこからまた頭角を現して出てきたりするんだものね。

——井伏先生との交流は第四章と第Ⅱ部のエッセイで述べられていますので、ここは元に戻って、八雲書店は野上さんがやめたあと、昭和二十五年ぐらいからほとんど本が出ていませんね。倒産か吸収合併されるかしたのでしょうか。

野上 私がやめる前は、倒産まではいかないけど、ずいぶん経営不振だったようですね。そのあと、草柳大蔵が手紙をくれて、それには彼ら編集部員がリヤカーに本を積んであっちこっち売り歩いたって書いてあった。ボーナスも現物支給だ、と。その前に見切りをつけてよかったと思った記憶がある。

——勤めているときにすでにそういう気配を感じられたわけですね。

野上　社員はみんなそう言っていた。でも田村泰次郎の『春婦伝』は売れたと思う、それから太宰治。あと、平林たい子さんはすごかったな。

私は平林さんに『八雲』で戦災跡の新宿ルポを書いてもらうため、ハモニカ横丁を案内したりしましたよ。あの「踊る宗教」の取材にも行ってルポを書きました。オウムみたいなものだったのか、大学生が夢中になって踊っていましたよ。いわゆる小説とか評論ばかりじゃなくて風俗レポートとか、その頃にしてはわりあい〝走り〟のほうだった。でも、結局は続かなかったのね。

第二章　映画黄金期にすべりこむ

映画の都、京都・太秦へ

――八雲書店時代に映画はご覧になっていましたか。戦後の黒澤作品といえば『わが青春に悔なし』、『素晴らしき日曜日』、それから『酔いどれ天使』、『野良犬』などですが。

野上　見てはいましたが、どんな作品にせよ、監督を特定して、という感じではなかったですね。

――八雲書店をやめていよいよ野上さんの映画人生が始まるわけですが、京都に行くにあたっての最初のきっかけはどのへんにあったのですか。

野上　東京で、伊丹さんの命日に集まる「板万会《イタマン》」というのがあったんです。それは錚々たるメンバーでしたよ。まずは俳人の中村草田男さん。草田男先生は松山高校の伊丹さんの後輩で、伊丹さんたちの『楽天』という同人雑誌に加わりました。それから映画監督の稲垣浩、佐伯清、脚本家の橋本忍さん、プロデューサーの栄田清一郎……。板万会というのは伊丹万作の四文字をごろあわせで縮めたものと思う。栄田さんがつけた名前です。

——それはいつごろできたのですか。

野上　伊丹先生が昭和二十一年に亡くなってから、栄田さんが東京にいる伊丹さんを慕う仲間に声をかけたんでしょう。

——栄田さんはフリーのプロデューサーですね。

野上　彼はプロデューサーである前に、伊丹家のお世話をしていた。本職は「青年新聞」という左翼系の新聞社の営業なんかをしていたらしい。それと、千秋実の劇団「薔薇座」の営業もやっていて、映画界に顔を出していた人。世話好きだった。当時、新橋に「たくみ」という民芸店がありまして、その二階に「青年新聞」の事務所がありました。私はよくそこを訪ねて栄田さんにお金を借りた憶えがある。返した記憶はないんだけどね。

橋本忍さんは、結核で傷痍軍人療養所に入院中、初めてシナリオを書いて伊丹さんに読んでもらった。伊丹さんが亡くなった後は、佐伯清さんが橋本さんのシナリオを引き継いだ。その預かっていた中に、後に『羅生門』となる芥川龍之介の「藪の中」の脚本があったんですよ。それが黒澤明の目に留まり、日本映画の歴史が変わるわけ。

プロデューサーの本木荘二郎さんが後年、橋本さんをからかって、「あのとき、よれよれのレインコートを着て上京してきた名もなき一介のサラリーマンが、こんな大物になるとはねえ！」と、嬉しそうに笑っていましたね。

ほんとうに人間の運命なんてわからないものよね。私も相当運のいい女だと思っているけれど、橋本さんもツイてるなあ。

だって、初めてのシナリオを書く動機だって、療養所の隣のベッドに寝ていた兵隊さんにすすめられ、その兵隊さんが、シナリオは伊丹万作という人に見てもらうといいって、教えてくれたんですから。この兵隊さんも相当優れた映画ファンだったんですねえ、早くに亡くなったそうですが。

それで、橋本さんが初めて書いたシナリオ「山の兵隊」を伊丹さんに送った。伊丹さんはちゃんと読んでくれて、返事も来たそうです。この話も拙著『天気待ち――監督・黒澤明とともに』（現・草思社文庫）に書いたんだけど。でも、そんなに読まれてるとも限らないから、同じ話でもいいかな。

それがおかしいのね、橋本さんが言うんだからいいけど、伊丹さんからは「あなたには物を書く素養がない」と言われたんですって。でも、何か見どころがある、と。橋本さんがおっしゃるには、「山の兵隊」の中には陸軍が使っている新しい結核の治療法なんかが出てくるんですが、伊丹さんはそれに興味があったらしいんですって。当時の結核の脅威は大変なもので、おかげで、と言っちゃあ変ですが、橋本さんは「永久兵役免除」になったんですから。「永久」ですよ。

でも、橋本さんは郷里へ戻ってサラリーマンをやりながらシナリオの勉強を続け、伊丹さんに見てもらっていました。その中に「三郎床」っていう床屋の話があって、それが後に『私は貝になりたい』となるわけですよ。橋本さんはそれをまた今度書き直して、映画をリメイクするっていうんだから、すごいですねえ。今八十九歳ですよ。若いころは大変な美男子で、伊丹夫人は彼のことを「光源氏」と呼んでいたそうです。まあ、そのへんの関係者が「板万会」で一緒になったの。

毎年、伊丹さんの祥月命日である九月二十一日に集まったと記憶しています。栄田さんは、女優としてデビューする前の左幸子さんを連れてきたこともある。左さんはそのころ体操の先生だったけど、女優志望だった。

——栄田さんと左幸子さんはどういう関係だったのですか。

野上　栄田さんはいろんな映画会社に俳優を売り込むのがすごく熱心でうまい人だったので、左さんに頼まれたんでしょう。

黒澤明の『生きる』を準備中だった昭和二十七年の話ですが、準主役の女の子が見つからなかったのね。小田切みきが演じた〝とよ〟の役。今思い出すと、そういえばそのとき栄田さん、よく左さんを連れて東宝へ来ていたわね。帰りに誘われて一緒に飲みに行ったりしてね。あのころは飲むっていっても、カストリ焼酎とかバクダン（メタノールなどを混ぜた粗悪な酒）みたいなものだから、悪酔いしますよ。三人で西武新宿線下井草駅のベンチに坐って始発を待っていたのを思い出すなあ。

栄田さんって、そういう人だから、板万会の幹事をしながら、京都の伊丹家の遺族を世話していたらしい。それで私に、「伊丹家のためにひと肌ぬいでくれんか、女・無法松や」てんで、私の運命はここで大きく転回するわけです。

黒澤監督と出会う

――いよいよ京都での生活が始まるわけですが、上洛は何年ですか。

野上　昭和二十四年の秋か冬です。でもその前に、伊丹さんが亡くなって一年くらい後かな、一度栄田さんと伺っています。初めてお会いした伊丹未亡人、池内キミさんは実に美人で、感じのいい人だった。栄田さんは「母ちゃん」と呼んでいましたが。

母屋の脇に通路があって、その奥の離れにキミさんたちはいたんですが、その通路でキミさんがしゃがんで七輪に火をおこしているところに、私たちが到着したことを憶えています。

――京都のどのへんですか。

野上　学問の神様として有名な北野神社がある北野白梅町です。昔、伊藤大輔監督が住んでいた家で、元は伊藤監督のお父さんの家だったそうです。表に門がある二階建てです。奥の突き当たりが離れで、書庫と書斎になっていました。伊丹さんが亡くなった後、大家さんが母屋に住んで、離れにキミさんが子供の岳彦君（故・伊丹十三）とゆかりさんと住んでいた。

——栄田さんの紹介でスクリプターとして大映京都へ入社するということで行ったわけですが、具体的にはどういうことだったのでしょうか。

野上　昭和二十一年に伊丹さんが肺結核で亡くなり、キミさんが京都での生活を切り上げて松山に帰ることになったんです。実家ではなく、友達が住んでいた多聞院というお寺（小坂二丁目）に部屋を借りることになっていて、そのとき娘のゆかりさんだけを連れて行って、岳彦は京都の家に置いて行く。岳ちゃんは松山へは帰りたくないと言っている、というので、栄田さんの案で私に、岳彦の面倒をみてもらえないか、となったのよ。まあ、飯炊き女ですね。その間、大映で働き口を見つけるから、と。

——岳彦さんだけ残すのには、なにか理由があったのですか。

野上　これは私の想像ですが、岳彦には好きな女の子がいたんじゃないかしら。岳ちゃんに一度、娘さんとそのお母さんを紹介されたことがあったのね。そのときピンと来た。感じのいい人でしたね。

——伊丹家から養育費は送られてきたのでしょうか。

野上　それはなかったですね。松山に帰ったキミ夫人にしても、働き口を見つけなきゃならない。長い間伊丹さんの看病をしていたからでしょうが、病院の看護婦のような仕事を紹介してもらって働いていたくらいだから。そこでも彼女は楽しんで働いていたようで、後にそのころの話を聞かせてくれました。

私は岳彦の面倒を見るために大映に入れてもらったんだけど、給料は少ないし、残業ばかりで何の役にも立たない。たまに残業用の弁当の残りを持って帰るぐらいでしたね。

岳ちゃんもろくに家に帰ってこないし、たまに顔を合わせると、「買いたいレコードがあるんだけど」とか言って、小遣いを巻き上げられたりね。

――岳彦君はいつごろまで京都にいたのですか。

野上　あとで調べたら、昭和二十六年に松山東高校に入学しているので、その年までいたとわかったんですが、どんなふうにして送り出したのか、どこで別れたのか全然記憶にないんですよ。ただ、向こうへ帰ってから、彼は時折りハガキをくれました。得意のイラストで、ジャン・ギャバンの似顔を描いたりしたハガキ。

ともかく『羅生門』のころはまだこの白梅町の家から通っていました。白梅町から市電で帷子《かたびら》ノ辻《つじ》へ出る。そこから大映撮影所は五分くらいだった。でも、私たちの生活があまりに不規則で、母屋の脇の通路を深夜に出入りするものだから、とうとう大家さんから、「出てくれ」と言われちゃってね。それで、撮影所も近いということで、帷子ノ辻の駅前の二階へ引っ越した。八畳くらいの部屋が二間で月の家賃が九百円だったと思う。

それでもしょっちゅう、質屋へ行ってたわね。岳ちゃんは家にいるときはポータブルの蓄音機でレコードを聴いて、ベッドにひっくり返っていた。そういやあ、彼のところにはベッドがあったんだなあ。

——大映でのスクリプターの仕事はいかがでしたか。

野上　はじめは、ストップウォッチと記録表を持って先輩の木村恵美さんにくっついて歩いているだけで、何にもわからなかった。『天気待ち』にも書きましたけど、初めて入った現場が伊藤大輔監督の『山を飛ぶ花笠』という花柳小菊と尾上梅幸主演の映画です。

木村恵美さんはそのころ三十歳近かったのかな。いつも小柄な体に制服のような上着とズボン、ピケ帽を冠って、車掌さんみたいだった。監督が「ヨーイ、スタート」と言ってカメラが回り、「カット」と言って止まるまでをストップウォッチで計り、そのたびに「十五秒!」とか「十三秒!」とか大きな声で言うんだけれど、彼女のちょっと鼻にかかった声を今でも思い出しますよ。

見習いの私も真似をして、秒読みをしました。これは、監督のためには、テストのときなど、そのカットの長さがわかっていいし、撮影部はフィルムの残りの長さを計算するのに役立つわけ。それでスクリプターは記録用紙にカット・ナンバー、台詞など書き込んで、現像所と編集に渡すんです。

木村恵美ちゃんはほんとうに優しくていい人だったんだけど、ひとつだけ欠点があった。昼休みになって現場からスクリプターの控え室へ直行するの。徹夜のための布団置き場に道具を投げ出すと、私に「買うてきてくれへんかあ」とポケットからお金を出すのね。ヒロポン常習だった。そのころは堂々と薬屋で売っていたのだから、オドロキでしょう。私はよくこのお使いをしていた。恵美ちゃんが袖をまくって注射してるときの幸せそうな顔といったら。彼女は早く亡くなっちゃったね、やっぱり。

――野上さんのそのときの給料はどのくらいだったんですか。

野上 何千円だったかなあ。日給百五十円だから二十五日働いて四千円ももらえなかったくらいでしょうか。残業代はつきませんしね。因《ちな》みに東宝では、一本が四万円で一年何本か保障がついていて、五本だったら年二十万円は保障してくれました。

――とてつもない差ですね。

野上 もともと東宝は、古い映画界の体質に不満だった人たちが、P・C・Lという近代的映画会社に集まってできた会社ですものね。

――『羅生門』は一本立ちになった最初の作品ですか。

野上 いえ、昭和二十五年六月十日封切の野淵昶監督『復活』が独立した一本目。七月には早くも二本目で、冬島泰三監督の『千両肌』。これは長谷川一夫、大河内伝次郎の主演作でした。

その独立第一作目の『復活』ですが、なんとあのトルストイの原作なんですよ。戦後、労働運動が高揚していたからですかねえ。野淵さんは舞台演出家としても知られている方だったから、「カチューシャ可愛いや、別れの辛さ……」なんて舞台をなさったことがあったのかもしれない。それと、会社は京マチ子を何とか売り出そうとしていたのね。でも、ネフリュードフ公爵に小林桂樹ですよ。公爵はサラリーマンじゃない、っていうの。でも桂ちゃんも照れて、「今、若い二枚目の役者がいないんだよ。兵隊からまだ帰ってこないからね。だから俺んとこへこんな役が来るのよ。今のうちだよ」と笑っていた。

だから『羅生門』は、私のスクリプター開業三本目で、新米もいいところ。でも、東宝争議に追われて初めて大映京都へ来た黒澤さんは、そんなこと知らなかったんじゃないかなあ。そもそも、スクリプターなんてアテにしてなかったと思う。ずっと後年になって黒澤さんは、当時の私のことを「女学生みたいだったなあ」とおっしゃるくらいだから、眼中になかったってことね。私だってもう二十三歳だったんだけどね。

何年か前だけど、テレビのドキュメンタリーのために『羅生門』のスタッフが「戦友会」と称して京都に集まったことがあるの。京マチ子さんも来てね。そのとき、当時は助監督のサードだった田中徳三監督が、「あのときノンちゃんが『羅生門』につくのをスクリプター会が猛烈に反対したんや。知らへんかった？」と言うので、「えッ？　知らん、知らん」とびっくり。もう時効だけど、それは反対されて当り前。黒澤明といえばそのころの花形監督でしたものね。

――しかしスクリプター会が全員反対していたというのは面白い話ですね。

野上　当時の私は全然気がつかなかった。気がつかなくてよかったの。『羅生門』につくかつかないかで、その後の私の人生はまるで違っちゃうもの。危なかったなあ。

でもきっと、製作部長が栄田さんから言われていたんじゃないかと思う。「あの子は伊丹万作さんの息子の世話係です」って。シナリオも橋本忍だし。恵美ちゃんからも「キバってや！」と、肩をたたかれたような気がする。

あのころ、撮影所のバスはまだ、木炭車を使っていたのよ。信じられないでしょう。『羅生門』は所内に大きな門を作ったけど、ステージの中のセットはなし。全部ロケでした。奈良の山奥でのロケではヒルが出るんで、毎朝、宿を出るときに足首に塩をこすりつけるのね。蚊もすごくて、製作係は背中に進駐軍のＤＤＴを背負ってシューシューやってた。とにかくみな、汗臭いの。あのころ、替えのシャツなんてなかったから、汗臭い同じものを着ていたのね。何しろ戦後まだ五年しかたっていないんですものね。だから、人間の活力ってすごいと思う。たった五年よ。

――野上さんは古くからの映画人の間で「ノンちゃん」という愛称で呼ばれていますが、映画『母《かあ》べぇ』の背景となる時代の家庭内の愛称は「照べぇ」でした。「ノンちゃん」と呼ばれ始めたのはいつごろだったのですか。

野上　家の中での「母べぇ」「照べぇ」とはまったく関係ありません。撮影所の中では、まあどこの職場もそうですが、ナニナニちゃんと、愛称で呼ぶじゃないですか、そのほうが短くて速いから。でも、私はまだ新米だったから愛称はなかったんだけれど、たまたまキャッチボールをしていた黒澤さんのボールが私の足下に転がってきた。投げ返したら、黒澤さん、私に「どうも」と言って、傍らにいた加藤泰さん（当時チーフ助監督）に「なんて呼んでるの？」と聞いたのね、私の名前を。そしたら加藤さん、咄嗟にノガミのノをとって、「ノンちゃん、です」て名前をつけてくれた。『赤西蠣太』の中の「小波」って名前をつけるところみたいね。後年は「呑ん兵衛の、ノンちゃん」なんて言われたりして、面目ない。

――『羅生門』の撮影現場はどんな雰囲気でしたか。

野上　そのころ黒澤さんは四十歳。「俺も四十男になっちゃったよ」なんておっしゃってましたね。でも、四十歳で『羅生門』をつくったんですよ。『酔いどれ天使』は三十八歳だもの、すごい才能だなあ、と思うわね。戦後の解放感で精神も高揚してたんだろうけど、奈良ロケのときなんか、毎晩、若草山の上まで駆け上がって、黒澤さん、三船敏郎さん、千秋実さん、助監督さんたちも「炭坑節」を歌いながら輪になって踊ったりした。

『羅生門』では作曲家の早坂文雄さんもロケ地に来て、撮影を見ながら、音楽の打ち合わせをしていました。早坂さんは結核だったから、痩せて、すらっとしていた。それがまた芸術家っぽい、というか素敵でね、私はすっかり熱を上げていました。

ところが早坂さんは私など相手にせず、千本丸太町の飲み屋にいい女がいたらしい。撮影現場で彼が黒澤さんに「昨夜はねえ……」なんて話しているのを、嫉妬の思いで聞いたものですよ。黒澤さんは、そんな私の気持ちを知ってか知らずか、早坂さんに「大体ね、作曲家なんてのは女にモテるんだよ。あの、棒振ってる背中なんかが、たまんないんじゃないの」と言って、私に「ねえ」と言うのよ。

それでも一度、早坂さんに四条の「金剛」という飲み屋に連れて行ってもらったことがあった。昔の女優さんがやっているお店ね。その女優が店のマッチを早坂さんの手に握らせて、「ねえ先生、東京でも宣伝しておくれやす」なんて言うと、「ああいいよ。この店だけは行くなって宣伝しとくよ」「いやぁ、先生、好かんわあ」なんてやっているのにも嫉妬したわね。そのときはまた、私も大人っぽくお洒落のつもりで、パーマネントなんてかけて行ったのね。それまでヒッツメで結わえてたんだけど。そしたら早坂さんに、「どうしたの、前のほうがよかったのに」なんて言われてショック。

散々だったわ。

――早坂さんとのおつきあいはそれからもずっと続くわけですね。

野上　ええ、早坂さんのおかげで、東宝へ入って『生きる』につくことができたんです。

というのは、一九五一年のヴェネチア映画祭で『羅生門』がグランプリを貰いましたね。外国からプリントの注文が殺到したわけ。

ところが、外国じゃ字幕よりも声の吹き替えのほうが多い。ということは、日本映画みたいにすべての音が、つまり音楽も台詞《せりふ》も雨の音も全部ミックスされちゃっていると、台詞だけ抜いて吹き替えできないでしょ。それで、外国版のために、音楽だけ録音をやり直すことになった。それを大映多摩川のスタジオでやるので、記録係の私は多摩川へ行き、早坂さんと二人だけの作業をしたんですよ。

そのとき、早坂さんが、「今度、黒澤さんは東宝で『生きる』というのを撮るんだけれど、スクリプターに君を推薦しておこうか」と言ってくれたんですね。まったく私って、運のいい女でしょう?

帰京。黒澤組へ、再び

――東京へ帰って来られてからは、天沼の家から東宝砧撮影所に通われたのですか。

野上 ええ、『七人の侍』のときもずっとです。黒澤作品の合間には、他の、「社長」シリーズとか「クレージーキャッツ」ものまで、特に外国ロケの作品は志願してやらせてもらいました。一ドル三百六十円のころで、めったなことでは外国へは行けない時代ですからね。

――担当した映画に野上さんのお名前は、クレジットされているんですか。

野上 いいえ、東宝にはいわゆるタイトルロールに「編集」はクレジットされるけど、「記録」はなかったのです。松竹もそうだと思うけど、大映では「記録」は演出部なので、クレジットされていて、『羅生門』には新米のくせに私の名前が出ている。これは有り難かった。あのグランプリ作品のタイトルにちゃんと出ているんだもの、動かぬ証拠よ。今度よく見てね。

――そうすると、黒澤作品で最初に野上さんの名前がクレジットされているのは『羅生門』で、次は『デルス・ウザーラ』（'75）までないということになりますね。

野上 そういうことです。ただ『デルス・ウザーラ』は東宝作品じゃないし、「監督補」というクレジットですけど。

――それは全然気がつかなかったですね。黒澤作品以外で記憶に残っているエピソードはありますか。

野上 エピソードって、失敗談のこと？ たくさんありますよ（笑）。マキノ雅弘さんの「次郎長三国志」シリーズの何作目だか忘れましたが、小堀明男の次郎長が囲炉裏傍で食事する場面で、手甲・脚絆をしていたんだけど、途中で昼休みになった。小堀さんは、お昼ご飯食べるとき手甲・脚絆をはずしちゃったんです。で、午後はそれをはずしたまま撮影してしまったんですよ。それを私が気づかなかった。後でアレ〜ッ？　ということになって（笑）。すでに撮り直しのできない状況で、マキノさんにペコペコ謝ったら、「う〜ん、じゃあ横へ置いておくか」ということで手甲・脚絆を囲炉裏の脇へ置いて撮影してもらった記憶があります。どう考えてもヘンだったけど。

——黒澤組のときは、そういうミスはなかったんですか。

野上　いやいや、ありますよ、もちろん。『天気待ち』にも書きましたけど、『隠し砦の三悪人』（'58）で藤原（釜足）さんがアップのときは風呂敷包みを左肩から袈裟がけにかけていたのに、長回しのアクションでは逆の右肩からかけてるの。恐る恐る黒澤さんのところに謝りに行ったら、麻雀してるときで助かった。軽く「そりゃ、撮り直しだね」と。それで、アップのほうだけ撮り直した。黒澤さんは来なかったな。

そのとき藤原さんに「何で覚えてないのよ〜」って言ったら、釜さんが「そんなもん覚えているぐらいなら、俺は役者なんかやってねえよ」って（笑）。

——怖いエピソードですね。

野上　私が命拾いした麻雀が出たところで、黒澤さんの麻雀の話をひとつ。

とにかく先生は麻雀は大好きです。といっても、私は麻雀はできないから内容はわからないんだけど、ちょっと用事があって部屋へ行っても声をかけられないから、傍で見ているじゃない。すると黒澤さん一人、ものすごく真剣なのね。仕事のときと同じで、集中力のすごい人だから、パイをみつめてじっと考えている。そして隣の中井朝一《あさかず》さんに「中井、どれ捨てたの」と言う。「僕？　僕はコレ」「ちょっとそれ戻して」「孝坊は？」「僕はコレですよ、イーピン」「うーん、それも戻してよ」といった具合にやり直すのよ。なぜ皆、平気かっていうと、賭けてないんだもの。黒澤さんは、賭け事はいけない、と。金を賭けて遊ぶなんて、ヤクザじゃあるまいし、という人だからね。そりゃ他の三人は振り込もうが、巻き戻そうが、ヘッちゃらでしょ。ハイハイ、てなもんですよ。でも黒澤さんは、真剣に考えてまわりのことなんて気がつかない。さすがだと思ったですよ。

そもそもこの麻雀中は、私にとって正にゴールデン・タイム。平和そのもの。だから、ロケなんかが予定より早く終わって、先生が車に乗りながら中井さんなどに「飯前に、ヤロウカ？」と麻雀の手つきをして誘うと、私はもうしめしめと、解放された気分になったものです。ところが常連メンバーも、〝清潔麻雀〟では付き合いきれず、姿をくらますヤツがいるのね。ところがドッコイ。製作部のすごいこと。天網カイカイでね。近くの飲み屋から映画館まで電話をかけまくって、大抵捕まって呼び戻されてたわけ。

でも、その連中だって先生が亡くなったあとには、あんなに逃げないでもっと付き合ってあげればよかったのにって、後悔してますよ。孝行したいときに親はなし、でね。

――東宝で黒澤組に入った初めての作品は『生きる』でしたが、いかがでしたか。

野上　いやこれね、最近また見たんだけれど、いい役者が揃っているよね。みんな素晴らしい。でも、今残っている人って、おばさん役の菅井きんさんと、バーのマダム役の丹阿彌谷津子さんくらいよ。みんな死んじゃった。お通夜のシーンなんて見ると、誰もいないんだもの、哀しくなるね。中村伸郎さん、左卜全さん、山田巳之助さん……。

あのお通夜のシーンは傑作です。撮影のときは暑くてね。当時は冷房もないし、パンフォーカスでライトは熱いし、その中で何度もリハーサルしました。酒の膳のマグロなんか腐っちゃって、セットの中が臭いの。左さんなんて、そんなの平気で食べちゃって、「ウマイですね、ハハハ」なんてやっているんだから。小道具さんが考えて、赤く染めたコンニャクに替えたけど。

主演の志村喬さんが、小説家（伊藤雄之助）に引っ張りまわされて、いろんなとこ行くでしょ、キャバレーとかストリップとか。あのセットもひとつひとつよく出来て

『生きる』の撮影風景。左下に著者。一人おいて黒澤明　©TOHO CO.,LTD.

いましたよ。ビヤホールで、押すな押すなで踊っているところでは、セットの床にチョークで線を引いて、「俯瞰で撮るから、この中を人で埋めてくれ」って、黒澤さん。他に何にも要らないというので村木ちゃん（村木与四郎・美術／『生きる』では助手）は喜んだけど、黒澤さんが「でも、一面は鏡にしてね」って言うから、そこに映るセットは作らなくちゃね。村木ちゃんが「ダマされたよ」って、ぼやいていましたね。

でも、あの当時で、どうやって工面したか知らないけれど、生ビールを配ったの。村木ちゃんが蛇口をしっかり押さえて、俳優には泡ばかり、自分たちが後で飲む分はちゃんと確保してね。戦後六年目、硝煙の匂いもいまだ、というころですよ。

労働争議もやっと片付いた後だから、会社は神経質でしたね。そのころの私はキャスティングなど口を出せなかったけど、志村さんの息子（金子信雄）の嫁の役に民藝の関京子さんの名が上がったら、会社はオーケーしないので、ずいぶんと揉めました。黒澤さんは「芝居で赤旗振るわけじゃねえだろう」って、怒ってた。

――第三次東宝争議が妥結したのは昭和二十三年十月ですが、それから三年くらいたっていても、会社は左翼に対して神経質になっていたのですね。

野上　昭和三十二年の『蜘蛛巣城』、『どん底』の時も山田五十鈴さんの出演には東宝とずい分揉めましたからね。山田さんは前に民藝の加藤嘉さんと結婚していたので、東宝、大映ではレッド・パージ扱いだったんですよ。そのぐらい敏感になっている時代だった。

――そんなときに会社と話し合いをするのはプロデューサーですか。

野上　最終的には黒澤さんです。黒澤さんじゃなかったら、それは通らなかったでしょう。

――東宝争議は、何しろ「来なかったのは軍艦だけ」と言われたくらいの大争議でしたから。でも、会社と闘ったといえば、『七人の侍』ですね。

野上　黒澤さんの場合は、撮影現場だけではなく、会社とも闘わなければならないわけですから、大変ですよ。でも『七人の侍』では会社だって、ずいぶん困ったと聞いていますよ。製作担当重役の藤本真澄さんは、何回辞表を書いたかわからないそうです。とに角、この映画を続行するか中断するかで、撮影を休んだことがあったくらいです。でも、そのころまだぺーぺーだった私は、そういうのはわからなかった。

『七人の侍』のロケ地は、伊豆、箱根、御殿場だったけど、何しろ天気相手だから、予定通り進まない。スタッフなんて、雨で中止になりゃ遊びに行けるし、ロケ手当は出るしで、嬉しいもんです。私なんて今でも、朝早く寝床の中で雨の音を聞くと、ロケーションを思い出しますよ。「ああ、今日は中止だ」っていう、幸せな音。

――撮影中止の時はみなさん、何をしているんですか。

野上　伊豆ロケの時なんか、中止になると狩野川へ鮎を釣りに行ったりした。私だって教えてもらって、一匹や二匹釣れた。とも釣りですよ。黒澤さんや三船ちゃんたちがバケツ一杯釣ってきて、「今夜は鮎の天ぷらだぞー」なんて日もあった。

あのころ、進駐軍のおかげか社交ダンスが流行っていて、中止の日なんか宿の大広間でレコードかけて、社交ダンスをしたこともあった。表の雨を見ながら、私、黒澤さんと踊ったこともあるのよ。「駄目だよ、固くなっちゃ」なんて怒られながらね（笑）。

それで、夜は宴会で大酒でしょ。お酒はスコッチばかり。空き瓶が床の間にズラッと並んでいたなあ。宿の仲居さんたちが酒を運んで来るとからかわれたりして、みんなそれぞれ俳優さんたちに熱を上げていましたね。ロケの後も、東宝の撮影所に集団で追ッかけてきていた。みんな若かったんだなあ。

これが御殿場ロケとなると、様子が違うのよね。何しろ進駐軍で食っている街だったから、どぶ板の脇にバラックの飲み屋が犇《ひしめ》いていて、今村昌平の映画みたい。二人がやっと擦れ違えるくらいの路地を抜けて、表に出たところに映画館があった。一度そこへ黒澤さんと、小津（安二郎）さんの『晩春』を見に行ったことがあるな。小屋から表に出たら黒澤さん、「小津さんのって、やっぱり泣けちゃうんだよなあ」って言うので、黒澤さんも泣いたのかなあ、と思った記憶があります。

どぶ板バラックでは怪しげな商売をしている女も多く、でっかい米兵が背中をかがめて狭い路地をうろうろしているのをよく見たものです。

『七人の侍』ロケ現場。右奥に黒澤明、その手前に著者　©TOHO CO., LTD.

黒澤さんたちの宿は「大黒屋」、われわれスタッフは駅前の「御殿場館」でした。いまもあるけどね（二〇〇七年時点）。当時、何が嫌って、あの便所は嫌だったなあ。昔の小学校の便所みたいに、木造で並んでいるの。男女共同じゃなかったかしら。朝なんて臭くて臭くて、アルコールの匂いも籠って、本当に嫌だった。御殿場の駅のトイレに行く人もいたくらい。今の、世界一美しい日本の公衆便所、なんて、考えられなかったわね。

――撮影が遅れた一番大きな理由は何だったんですか。

野上　『七人の侍』のチーフ、堀川弘通さんの予定では、昭和二十八年三月に撮影に入って九月には終わるはずだったのに、翌年の正月になっても終わらない。やっぱり天候ですね。年を越して二月のいちばん寒い最中が、東宝オープンセットの雨の合戦シーンでしたからね。三船ちゃんなんて、氷みたいな泥水の中を草鞋でびちゃびちゃ走り回って、冷たい冷たいって、言ってましたよ。その上最後は、射たれて倒れたまま、ずっと雨に打たれているんだから。

三船ちゃんは後日、「あのときの俺のケツッペタが格好いいって、外国の女の人が言ってたぜ、ヘッヘッ」と笑っていたけど。

堀川さんの計算では、この合戦シーンは〝両天〟といって、晴れの日は晴れの場面、雨の日は雨の場面に切り替えるつもりだった。ところがいったん雨の日をやったら、あの土砂降りの雨で、しかも下は元田圃だから、ぐちゃぐちゃになって、天気が好くなっても晴れのシーンは撮れなかった。これが大きな誤算でしたね。

『生きものの記録』と早坂文雄の死

――しかし結果的に『七人の侍』は興行的にも成功し、会社としても非常にうまくいきました。

野上　これは大変なものですよ。封切当時、松竹の『君の名は』を抜いた、と東宝は喜んでいた。でも、『キネマ旬報』のベストワンじゃなかったというのもすごいね。

一位は『二十四の瞳』、二位が『女の園』（共に木下惠介）だった。でも『七人の侍』は、今日に至るまでの世界の評価を考えたら、トップだと思いますよ。

反対に、珍しく興行成績が悪かったのが次作、昭和三十年公開の『生きものの記録』でした。このタイトルに決まるまでいろんな案があって、このタイトルの前は、正確じゃないかもしれないけど、「もし鳥たちが知ったなら」というのだった。つまり、鳥たちが原爆のことを知ったら、とっくに安全なところへ逃げていくだろう、という意味ね。

記者発表のとき、正月の書初めみたいに「生きものの記録」と筆で書いた長い和紙を壁に下げていたんだけれど、記者の一人が「なんだかディズニー映画みたいですね」なんて言ったので、黒澤さんも「クサらせるなあ」と言って大笑いしました。たしかに入りも悪かったし、批評もあまり好くはなかった。でも、私は好きな作品です。

黒澤さんは、「あの世で閻魔様の前に出たとき、私はこんな映画をつくりましたと、申し開きのできるようなものにしたい」とも言っておいででした。黒澤さんの、原爆に対して無抵抗ではいけないという意思は、ずっと後年の『夢』（'90）まで続きましたね。

――『生きものの記録』は、三船敏郎さんが老け役に挑む、ということでも黒澤監督のチャレンジ精神が強く感じられる作品になっていると思います。

野上　このときの三船さんは三十五歳ですからね。七十歳の老人にするのに大変でしたよ。堀川さんの話では、はじめ志村喬さんで考えていたらしいのだけれど、やっぱりブラジルへ引っ越そうというくらいのエネルギーが必要な役なんで、三船さんに決めたようです。

扮装テストは何日も何回もやりました。これなら老人に見えるか、っていう段階で、三船ちゃんにパナマ帽に浴衣、ステテコ姿に杖を持ってもらって、東宝の裏門から所内を歩いてもらった。それを黒澤さんたちが、離れた控え室の窓ガラス越しに見てたのね。すると、誰も三船さんに気がつかない。三船さんを知っている人も知らん顔で擦れ違うのを見て、黒澤さんは「大丈夫だね。ほら、誰も気がつかないじゃないか」と、みなの顔を見て喜んだものでした。

――『東京物語』における笠智衆さんに匹敵する〝老け〟ですよね。

野上　そう思います。でもこういう三船さんの老人姿をロケで人前に出したくなかったこともあって、美術は全部セットに作った。村木ちゃんも巧いんですよ。歯医者の窓外に市電を走らせたりね。ガード下で志村さんと出会うところでも、タイルを使って光らせたりね。ライティングも凝っているけれど、だからリアリティが出る。黒澤さんの要求に応えて、照明の森茂さん（当時は助手）は苦労したけれど、それだけの効果はあった。照明さんは「ライトを使うのが多すぎる」と、会社の製作から厳重注

『生きものの記録』ガード下のオープンセットで左から著者、三船敏郎、黒澤明、志村喬 ©TOHO CO., LTD.

意されていたくらいです。

町工場のセットは、東宝の第九ステージを使いました。俯瞰で撮って、工員たちが自転車で出勤するところなんて、大きさが出ている。あの自転車、百台くらいかな、小道具の木島さんが集めたんだけど、あのころは今と違って、自転車を借りるのは大変だったから、「やっと集まったところで、今日は天候不良のため中止、なんて言われると、本当に参った」と言ってました。

――早坂文雄さんが亡くなられたのは撮影中でしたね。

野上　ええ、『生きものの記録』の撮影中、一番大きな出来事は、なんと言っても、早坂文雄さんの死です。

早坂さんのお宅は祖師ヶ谷大蔵で東宝に近かったから、何度か音楽の打ち合わせで黒澤さんと伺ったこともありました。そのころ早坂さんからいただいた葉書に「体のほうは相変わらずですが、金欠病がひどいです。何もありませんが、遊びに来てください」というようなのがありましたが、伺えないままのお別れでした。

通夜とお葬式の日は撮影を中止して、スタッフも早坂さんの家に集まりました。廊下で藤原釜足さんが泣きながら、「役者が泣いているからって、芝居だと思わないでよ。本当に哀しいんだから」と言うんで、ちょっとおかしかったけど。

弟子の佐藤勝さんの家には「ハヤサカシス」という電報が来て、駆けつけたらピアノの上に『生きものの記録』のラストの音楽の譜面が置いてあったそうです。「星の音楽」というタイトルだったのですが、結局、映画には使われなかった。

お焼香の間中、黒澤さんはうつむいて泣いているようだった。ものすごいショックだったんでしょう。撮影も一週間くらい休みましたね。慰めようもなかった。

再開して最初は、工場が焼けたシーンだった。それから、三船さんが気が狂って、志村さんが見舞いにいったとき、夕陽をさして「地球が燃えとるぞ！」って叫ぶ場面。撮影所近くの畑で、夕陽が真っ向に見えるところに窓枠だけ立てて、何回通ったことか。超望遠で、太陽と手前の芝居が合うのが難しかったんだと思うけど、いいシーンですよねえ。三船ちゃんの絽の着物の袖に煙草が入っていたりして、泣かせるんだなあ。でも、黒澤さんは、「あんなものじゃ駄目だ。狙ったとおりいかなかった。（早坂の死から、自分は）まだ立ち直れなかったんだ」とおっしゃっていましたね。

結婚と離婚、そして『蜘蛛巣城』と『どん底』

――次の作品は昭和三十二年公開の『蜘蛛巣城』ですが、年譜によるとこの年に結婚されていますね。そのへんの事情を、差し障りのない範囲でけっこうですのでお聞かせください。

野上　ええ、私は一度結婚しています、一度だけだけど（笑）。この間、戸籍を調べたら、この年の五月に婚姻届を出しているのね。

黒澤組の撮影助手だった斎藤孝雄と結婚したんです。彼は黒澤さんの『素晴らしき日曜日』に助手でついてから、その後キャメラマンとなり、『まあだだよ』まで、黒澤さんに最も信頼されたスタッフの一人でしたね。私は『七人の侍』で出会ったのですが、黒澤さんが初めて試みたABキャメラのBキャメラを引き受けてオペレーターとしての腕を発揮、その大胆なキャメラの動かし方に黒澤さんはすっかり惚れ込んで、「タカ坊、タカ坊」とかわいがった。『七人の侍』の現場は一年半の付き合いだから、そりゃ仲良くなりますよ。

撮影が終わってからもよく二人で一緒に帰るんだけれど、千秋さんなんかが冷やかして、「よう、勝四郎と志乃だね、クックッ」なんて笑ったり、その勝四郎役の木村功さんからも、「もう二十六歳、いい加減に結婚したほうがいいよ」なんて言われてかなり効き目があったわね。

こんな個人的な話は、他人が聞いても、病気の話と同じでまったく迷惑だと思うんだけど、このころ私の父親も再婚して、神戸大学に職を得て伊丹市へ転居して行ったしね。それぞれ、わが道を往く、といったところでした。

——新居はどちらでしたか。

野上　初めは東松原の家を間借りしての同棲でした。まだ戦後ですね、玄関脇の洋間一間だけで、トイレも台所も大家さんのを使わせてもらった。大家さんは陽気な婆さんで、電気冷蔵庫を買ったってんで大はしゃぎ。「水を冷やしておいたから、どう？」なんて分けてもらったりしたなあ。録音技師の矢野口文雄さんが「テレビを買ったから見に来いよ」と言ってくれて、夜中まで二人でテレビを見せてもらった。日本テレビの、鳩が音楽と一緒にパタパタと翼を下ろす番組終了までね。

中井朝一さんは斎藤孝ちゃんのお師匠で、私は人間的にも技術的にも最高のキャメラマンだと思っている。その中井さんが、「結婚するなら、やっぱりきちんとケジメをつけたほうがいい。仲人役を引き受けてあげるから」と言ってくれて、中井さんのお宅で、形ばかりの盃を交わす式をやってもらいました。中井さんご夫妻のほかは、私の叔母が列席しただけだった。中井さんの奥さんて、ほんとにいい人なのね。私たち二人の前にきちんと坐って正月のお屠蘇の盃を差し出し、改まって「おめでとうございます」なんて言うもので、私は吹き出してしまった。

――披露宴はしなかったんですか。

野上　撮影が始まってからだと思うけど、黒澤さんたちがお祝いしてくれる、というので、父も伊丹から上京してるとき、孝ちゃんのお父さんも招んで、祖師ヶ谷駅前の寿司屋の二階で宴会をしました。三船ちゃん、千秋さん、中井さんたちで、まア十人くらいだったかな、箱膳で向かい合ってね、ところがそこの障子が破れていて、パタパタ風は入るし、黒澤さんは「寒い、寒い」って言うのよ。

孝ちゃんのお父さんて、昔、撮影所で大道具さんかなんかしてたらしいんだけど、お母さんはとうに亡くなってたのね。そのお父さんが感激して立ち上がり、お礼を言った後、民謡みたいな、お祝いの歌を歌った。孝ちゃんは「マイッタなあ、マイッタなあ」としきりに汗を拭いていたけど、その後で今度はうちの親父が立ち上がり、懐から紙をとり出して、娘に与える詩、なんて朗読を始めてね、今度はこっちが「マイッタなあ」でしたよ。生まれたての赤ん坊の指が、これからどんなものにふれてゆくのだろう、ていうような詩でしたがね。翌日、黒澤さんが私に「どっちもいいお父さんだね」と言ってくれたのを憶えています。

——『七人の侍』の後、『蜘蛛巣城』の前に結婚したわけですね。『蜘蛛巣城』は一九五七年、ロンドンのナショナル・フィルム・シアターの柿落しの時、オープニングに上映されたんですよね。

野上 そう。黒澤さんが外国へ招かれて出かけたのはこれが初めてだった。ジョン・フォード、ルネ・クレール、デ・シーカ、など世界の巨匠と共に受賞されたのは有名な話だけど、このときのパーティで、ローレンス・オリビエが、黒澤さんに『蜘蛛巣城』の感想を語ったこと、知ってる？ 黒澤さんも書いていらっしゃるけど、帰国したとき、黒澤さんから聞きました。

オリビエは感心したところが三つある、と言うのね。ひとつ、マクベス夫人を妊娠させた、というアイデア。これは、オリビエが「マクベス」をやるとき、使ってもいいか、とのことで、黒澤さんは勿論オーケーした、と。ただしオリビエが作るときは、死産じゃなくて、奇形児を生ませる、と。

ふたつめは、白い馬に主の不幸を予告させたこと。三つめは、森が攻めてくる前に、鳥が城内に飛びこんでくるところ。

と褒めてくれたそうですが、この鳥は小道具の浜ちゃん（浜村幸一。〇七年九月死去）泣かせだった。世田谷界隈の鳥屋から買い集めたの。百羽くらいいただろう、という。小道具さんたちが、両手に持てるだけ持って、合図で天井から飛ばすのだけれど、思うように両面に入らないしセットの隈に逃げこんだりライトにとびこんだり、何度もやり直した。大騒ぎでしたよ。あんまり小さいのは見えないから、鳩みたいなのが多かった。

やっと撮影も終わったあとで、そのなかのミミズクが、まだ小道具部屋に残って飼っていた。何故かそれを黒澤さんが、欲しいと言って、家へ持って帰ったのね。ところが、一週間もたたないうちに、黒澤さんが浜ちゃんに、あれ返すって言うんだって。全然、動かないから見ててもつまらないって言うのよ。だって、ミミズクだもん、ねえ。

――よく知られているように、『蜘蛛巣城』は、シェイクスピアの「マクベス」が原作です。黒澤さんの、翻案の巧さにはまったく驚きますね。

野上　完ペキに日本のものにしてるでしょう。この換骨奪胎の見事さは、誰も真似ができない。この後の『どん底』（'57）も見事だし、『乱』（'85）は「リア王」です。まあ、外国ものといっても古典だから、共通の人間の本質に迫っているからでしょうけれど。もっとも、最初に挑戦したドストエフスキーの『白痴』（'51）は悪評フンプン、松竹とは大モメの揚句、一時間もカットされ散々な目に会いましたがね。

黒澤さんは、自分が最も敬愛するドストエフスキーだったが、相手が大きすぎた、とこのときの苦労を話してらっしゃいます。でも、この最初の失敗が後々の役に立ったんじゃないかと思うのよね。第一、カットされた頭のほうの部分、左卜全と三船さんが引き揚者が大勢乗っている汽車の中で出会う、あの出だしでも巧かったと思うな。あの完全版、つまり松竹がロードショウの何日間かだけ上映したオリジナル版『白痴』はどこへいっちゃったんですかねえ。

――松竹の関係者が秘匿しているという噂話は時々浮上しますが、もし出てくれば〝映画史的発見〟ですね。

野上　話は『蜘蛛巣城』に戻りますが、これが成功したのは能の様式をとり入れたところにあったと思う。黒澤さんは戦争中、日本古典の俳句や、能の世界に逃げた。これは黒澤さんばかりでなく当時の作家たちも軍国主義を嫌って日本古典の研究に逃げたようですね。

『蜘蛛巣城』のマクベス夫人、〝浅茅〟役の山田五十鈴さんのメイクは、能面〝曲見《しゃくみ》〟そのままです。黒澤さんはいつも役者のメイクを決めるとき、メイク室の鏡の前に能面の写真を置き、自分も俳優の横にはりついて、能面を見ながら、メイクさんに注文するんです。それを写真で撮って何度もやり直す。俳優の原型を留めないほど能面の顔になっちゃう。山田五十鈴さんの場合は彼女だとわかりますけどね。

妖婆になった浪花千栄子さんなんて全然浪花さんだとわからなくて、気の毒みたいだったなあ。まっ白に塗って、糸車まわしてるのは、能の「黒塚」からですが、台詞はプレイバック方式。撮影のときに口を合わせるやり方で、大阪弁でもないんだからね。最後に雷鳴のとどろく森の、上の道を哄笑と共に走りすぎる妖婆の姿。あれだって本物の浪花さんだからね、運動靴をはいて、何度も走っていましたよ。

『蜘蛛巣城』の場合、メイクや衣裳ばかりでなく、構図も能のように形を重視しました。ラッシュを見て、黒澤さんがいきなりキャメラマンの中井さんに怒るんですよ。画面の上がツマってるよ、とか、バランスが悪い、とか言って撮り直すんですよ。私なんかにはわからないようなものなんだけどね。

千秋実扮する城主・三木義明の亡霊が出ますよね、あの坐り方も、口を半ば開けているのも、お能です。それに、まっ白にトバしたところが、黒澤さんの秀れたアイデアです。亡霊をどうやって出すかねえ、と前々からスタッフにも相談していたんです。オバケみたいに画面にダブらすのはいやだし、なんて話し合っていたんだけど、黒澤さんて、こういうとき、まったく正反対の発想をするのね。「いわゆるオバケみたいに暗くしないで、まっ白にしてみよう、ライトをうんと当てて」と言った。結果的にこれは大成功した。撮影は大変だったけどね。そりゃもう、大変でしたよ。ライティングは勿論だけど、三船さんの武時が狂って刀をふりまわし、亡霊に駆けよる、すると亡霊は消える、また現れる、というのを一カットだから、キャメラを移動している間に、千秋さんは、急いで逃げたり、また、画面に入って、坐ったり、むずかしいタイミングをよくやりましたねえ。

——でも『蜘蛛巣城』といえば、やっぱりラストの、あの三船さんがあびる矢の雨でしょうね。

野上　外国へ行っても、あれはどうやって撮ったんだ、ってよく聞かれますが、どうもこうも、あれは本物の矢を本当に射ったのだ、と言うと、彼らはそりゃあ、びっくりしますよ。しかも、保険もかけずにね、と言うと、信じられない、と驚く。当り前ですよ。三船さんでなければできません。やりません。小道具の浜ちゃんだって責任ありますから、絶対大丈夫、『七人の侍』で経験ずみだから、と太鼓判を押す方法だったんですが、やっぱり怖かったですよ。

釣に使うテグス糸はキャメラに映らないので、その糸を矢の中に通し、テグスの先を固定して矢を放てばテグスを伝って予定の箇所に刺さる、というわけです。

——理屈ではわかりますけど、画面の怖さは何度見てもすごい。

野上　これのむずかしいのは、テグスをたるませないこと、バシッと射た矢が空中で波打ってはまずい。それと当たったら即、テグスを鋏で切ること。矢はうまく刺さってもいつまでもテグスが空中に残ってカランだりしては危険です。

といってもいちばん恐ろしい思いをしたのは三船さんでしょう。あの櫓の上で「裏切り者！」なんて怒鳴りながら逃げまわり、指定された位置へ移動しなくちゃならな

『蜘蛛巣城』の矢の雨のシーンで三船敏郎に演技をつける黒澤明(中央)

い。

三船さんの体や、その周辺だけは、テグス糸の仕掛けのある矢が放たれるんだけど、やや離れた板塀にブスブス刺さるのは本物です。足場の上に、ずらっと並んだ弓道部の連中が射ってる。キャメラは望遠レンズで横から狙いました。黒澤さんは「望遠だから、映っているほどには、近くないから安全だ」と言ってました。

――三船さんだから出来たんでしょうね。

野上　他の俳優だったらやらないでしょうね、ジャッキー・チェンでもね。三船さんは黒澤さんに、「そんなことは出来ない」とは言えない。二人の信頼関係が崩れますから。現場の三船さんは「大丈夫ですかァ？」なんて一度も言わず「はい、はい、じゃ、ここでバラバラッと来たらこっちへ逃げればいいんですね」と、極めて冷静なのね。ところが浜ちゃんの話では「三船ちゃん、毎晩、夢を見るって。B29がワーッて、自分めがけて襲ってくる夢」と言う。そうだろうと思いますよ。でもそれを素振りにも見せないところが三船さんらしい。この恐怖の〝矢地獄〟は三日くらい続いた。最終日に、浜ちゃんが「明日はもう、矢のシーンないらしいよ」と言うと、三船さんは大喜びでビールを買ってきて、浜ちゃんと「飲もう飲もう」て乾杯したんだって。

――昭和三十二年には、もう一本、翻案物の『どん底』が公開されています。ゴーリキーの有名な四幕物の芝居ですが、黒澤監督は見事にこれを江戸の長屋にした。

野上　この換骨奪胎はさすがですが、基本的には原作通りなんです。黒澤さんも『蜘蛛巣城』でシンドかったから、今度は思い切って楽しもう、とおっしゃってましたね。セット一杯と表はオープンだけで、毎日リハーサルをしました。〝チャンチキチキチキ、チャラチキチ、小判の雨でも降ればよい〟と踊るところも、録音スタジオで踊りながら何日も稽古した。みんな巧いのよね、特に藤田山ってお角力さんが。振り付けは黒澤さんです。

映画のファースト・カットっていうのは、どの監督でも悩むものらしいけど、このときもシナリオには「この先いき止り」なんていう立札があるところから始まっていたけれど、黒澤さんは「もっと一目でこの貧乏長屋の状況を見せたい。いい案はないか」と助監督に宿題を出した。当時助監督のいちばん若いのが、オズオズと出した案が、採用されています。つまり、あの長屋は、お寺の崖下に崩れそうに寄っかかってるのね。だから最初はお寺の方を仰角で見せてると、小僧たちが掃除したゴミを上から投げ捨てて「どうせ、掃きだめだ」と言う。キャメラはゴミにつけて下へパンして、長屋のボロ小屋を見せる。寺の鐘がゴーン、と鳴って始まるんです。

——セットの中だけのお芝居だから、役者の力量が問われる映画でもありましたね。

野上　役者も揃ってたねえ。藤原釜足さん、渡辺篤さん、三井弘次さん……みんな死んじゃいましたが。今、生き残ってるのは、香川京子さんと加藤武さんだけじゃないかしら。

——加藤武さん、どこかに出てました？

野上　ロングだし、台詞はないから、気がつかないでしょうね。でも、この加藤さんで大騒動があったんですよ。

加藤さんの役は、三幕目の最後に現れるお役人の役。十分近い長回しのワンカットだから、芝居ばかりでなく、キャメラの移動、タイミング、すべてがうまく行くまで、何度もリハーサルをした。予定時間もはるかに過ぎたんだけど、そんなの、よくあることです。

香川京子のおかよが、山田五十鈴の姉から煮湯をかけられ長屋の住人も総出で大乱闘になる。おかよが、「みんな、グルなんだ!」と叫び「お役人様! あの人を縛って!」と泣きわめくクライマックスの、その最後に現れるお役人様が加藤武さん。なにしろリハーサルがのびて、さあ本番、やってみよう、てときですよ。すべて巧く進んで緊張の果て……だけど、最後の加藤さんが現れないじゃないの。岡っ引きの佐田豊さんが一人ぴょこぴょこ出て来て「あのぅ……」なんて言ってる。「加藤はどうしたッ!」と黒澤さんの怒声。結局、セットの裏で出番を待っていた加藤さんは、実は舞台の出の時間、ギリギリだったのね。それで文学座のマネージャーと東宝の俳優係が加藤さんの奪い合いで大変だったらしい。舞台は生《なま》ものだから、先方も必死ですよ。お役人の衣裳のままの加藤さんを、文学座が拉致したんですって。

黒澤さんは憤怒の勢いでとび出して行ったから、どこへ行ったのかと思ったら、製作部長の部屋へどなりこんだそうです。製作部長もびっくりしたでしょう。

——確かに。それと、野上さんが離婚されたのも、このころのことではないですか?

野上　なんでそんな話になるの? たしかに私は離婚しています。そのころは東松原から新宿の公団住宅に移り、平和に暮らしていたんだけれど、『どん底』の後だったかなあ、黒澤組以外の仕事で、年下のKさんに出会った。彼は音楽が好きで、ベートーベンやフランクのレコードを下さいましたね。ピアノを弾いてくれたりね。私って、こういうのにヨワイこともあるんだけど、まあ、言ってみれば惚れたんですョ。

こんな個人的な話は皆さんにまったく関係ないんですが、ただそのために、私はその平和な家庭を飛び出して成城に下宿したんだけど、このとき、あの大事な大事な、伊丹万作さんの手紙、竹内浩三が伊丹さん宛に書いた分厚い手紙、みんな一緒に紐で結えて押入れにしまってあったのを全部置いてきてしまったのです。竹内浩三についてはあとでまたお話ししますが、とにかく申し訳なくて残念でたまらない。私の一生の中でいちばん後悔することといえば、これですね。

家を出てからすぐ気がついて、取りに行けばよかったんですが、斎藤さんのほうも私が出て行った後、色々なことがあって、私の荷物はまとめて親戚に預けちゃったそうです。そりゃあ、見ず知らずの親戚にはわかりませんものねえ。処分しちゃったらしいって言うんですよ。

別れ話の時、黒澤さんに話したら、こんなこと言うんですよ。「別れちゃえよ。孝坊だって、もっといいの見つけるよ、何度も結婚できて羨しいようなもんだ」ですって。

たしかにその後、孝ちゃんはいい人と再婚しました。彼がいちばん幸せな時期だったんじゃないかなあ。でもそれは長く続かなかった。本当に気の毒でした。彼女は赤ン坊を生むとき、亡くなったんだそうです。赤ン坊を残して。

黒澤さんは、孝ちゃんがかわいそうだと言って、葬式の日は撮影を中止したのを憶えています。私はお通夜のとき、かつて住んでいた新宿の公団住宅を訪ねました。ドアを開けると、お線香の匂いがして、見なれないおばさんみたいな人が迎えてくれ、「あの、どちら様でしょうか」って言うのね。私は、なにか〝人生〟というものを、突きつけられたようなショックを感じましたね。

竹内浩三の失われた手紙

――竹内浩三の名前が出ましたので、ここでお聞きしていこうと思います。つまりは、竹内さんの手紙もそのままなくしてしまわれたわけですね。

彼がフィリピン・ルソン島のバギオ北方高地で戦死したのは、昭和二十年四月九日ということになっています。本当ははっきりした日付まではわからないにしても、終戦まであと数ヶ月のところではあった。野上さんは竹内浩三には会ってはいないわけですね。

野上　私は彼と会っていないし、伊丹さんと彼とも手紙だけの交際でした。

――竹内浩三は日大専門部の映画科を卒業して出征しています。伊丹監督に会っていないけどお弟子筋となると、野上さんとお立場がよく似ていますね。

野上　あとから聞いたことですが。だから、伊丹家では「西の竹内、東の野上」と言われていたそうです。ちょうど同じ時期に竹内さんと私は、伊丹さんと手紙のやり取りをしていたんですね。竹内さんは三重県の宇治山田市（現・伊勢市）の生まれで、私より六歳年上。宇治山田中学（旧制）卒で、小津安二郎の後輩に当たる映画人志望なのだけれど、小津さんにはあまり触れていませんね。彼の日記のなかに「伊丹さんからきょう手紙がきた」と書いてあるのは、彼が久居の連隊から筑波の空挺隊に配属になって、その兵営にいるころでしょうか。

その後、筑波の兵営から伊丹さんのところへ大変に分厚い手紙が来た。それは竹内浩三が戦場へいく直前に伊丹さんに送ったものだったのでしょう。戦後すぐ、私が伊丹さんの家へ行ったとき奥さんから竹内さんの分厚い手紙を渡されて、「もしかして生きて帰られちょるかもしれんよ。どこぞから、ひょん、とあらわれたらええのになあ」と言われた。

普通の封筒が丸く筒になるぐらい分厚い手紙でした。絵が描いてあって、竹内浩三らしい、楽しい手紙なんですよ、それが。藤原書店版の『竹内浩三全作品集』を編集した小林察さんから、竹内さんの手紙を探していると最初にお電話いただいたときも、手紙の行方を聞かれて本当のことが言えず、「いろいろありまして」なんてお詫びしましたけれど……。

――平成十七年に稲泉連さんが竹内浩三のことを書いた『ぼくもいくさに征くのだけ

れど』で大宅壮一ノンフィクション賞を受賞され、その授賞式で竹内浩三のお姉さん（松島こう）と野上さんが大変親しくお話しになっていらしたのが印象的だったのですが、彼のお姉さんとはどういう形でお近づきになったんですか。

野上　それは私が昭和五十九年にカネボウの女性ヒューマン・ドキュメンタリー賞を「父へのレクイエム」でいただいた後、続いて竹内浩三について書いて応募しようと思って、彼の出身地である伊勢や松阪まで行って、浩三さんの親しかった友達やお姉さんを取材させていただいてからのお付き合いなのです。

——その原稿は今読むことができるのですか。

野上　もちろんコピーは持っています。実はそのコピーを山田洋次監督に渡して、これは映画にならないかと相談したの。さらにその前から、ドキュメンタリー監督の牛山真一さんに、夏になるとテレビでは戦争ものの需要が出るから、そのたびに竹内浩三の青春をＮＨＫなんかやらないかしら、っていう話をしていたんですよ。

——その話が今度の映画『母べえ』に繋がってくるわけですね。

野上　そうなんです。竹内さんは詩人ですが、マンガもたくさん書いていたから、映像にもなりやすいと考えたのです。監督は山田洋次さんしかいないだろう、と思いましたね。竹内浩三的ユーモアを活かすのも、ね。そしたら、山田さんは以前から彼の詩も知っていて、山田さんも映画にしたいと思っていらしたそうです。

それで私が読売のドキュメンタリーに応募して落選した拙作だけど、「色のない旗――詩人・竹内浩三を追う」というのを読んでもらった。じつはその後、当選したこういうのもあると「父へのレクイエム」を見せたら、山田さんが「こっちのほうがイメージが湧いてくる」とおっしゃるんですよ。もちろん主演の吉永小百合さんというのが、実現の決定要素ですが。

私としては竹内浩三のようないい青年が、どうして死ななきゃいけないんだ、というようなテーマでやりたかったんですけどね。いちばん最初は「朝日新聞」が竹内浩三の「戦死やあわれ」という詩を取りあげて、それからだんだんに彼のことが知られるようになった。

――竹内さんという人は、伊丹万作さんのテイストをしっかりと受け継いでいます。戦争という重いテーマを軽く、知的なセンスでお涙頂戴にならず、ユーモアさえまじえて批判している。竹内浩三さんはなぜ伊丹さんに手紙を出したのかおわかりですか。

野上　やっぱり伊丹さんの映画が好きだったんでしょう。竹内浩三の日記を読むと、あの人は映画監督になりたかったということがよくわかる。それで日大の映画科に入ったのよね。

――竹内浩三の戦死の訃報は、野上さんはどういう形でお聞きになりましたか。

野上　取材に伺ったとき、お姉さんに軍からの知らせの実物を見せてもらいました。

でも、その前に竹内さんの手紙を預かるときに、伊丹さんの奥さんから聞いたのが最初ですね。

――キミ夫人からは、もしかすると帰ってきている、あるいは帰ってくるかもしれないという含みで手紙を預かったわけですね。当時、戦死の報を貰っているのに、その兵隊さんがフラリと帰ってきた例はよくあったと。

野上　正確にはどうだったか、細かい記憶があいまいだなあ。フィリピンに行く前、筑波の空挺隊にいたときの上官が、のちに松竹のプロデューサーで重役になる三嶋与四治さん。竹内さんの日記を読むと三嶋さんはすごくよい理解者で、「竹内、お前は何か新しいものを考えたらどうだ。風船爆弾とかあるじゃないか……」とか、そんな話をして、わりと楽しかったみたいなことが書いてある。それで私は三嶋さんにももちろん会ってインタビューしたけれど、三嶋さんは竹内浩三のことをあんまり覚えていなかった。他の隊から、フィリピンへ連れて行かれたようです。

戦友会の人の紹介で、もしかしたら最後に竹内浩三と会ったかもしれないという人に会って話を聞きました。フィリピンですでに敗戦色も濃く、軍隊はバラバラだったという時に、フラフラとジャングルから出てきた二人の兵隊の一人が、「この銃と米を取り替えてくれ」って言ったそうです。断ったらまた、フラフラと行ってしまったとか。竹内さんがいた空挺隊の銃は普通の部隊の銃と違うので、二人の銃を見て、空挺隊だな、と思ったらしい。

名札をつけていなかったかと聞きましたら、「名札の記憶はないけれど、こういう風貌で」と言うんで、もしかしたら、という気にもなりましたけど、結局はわからなかった。でも、その人は言っていました。「とにかく戦争へ行くと貴重なのは塩だ、だからいまでも相撲を見ていると、こんなに塩をバラまいていいのか、もったいないとつい思う」って。その話はリアルだったなあ。

第三章　忍び寄る不協和音

黒澤プロダクションの時代

――一九六〇年代の黒澤作品は、黒澤プロダクションが設立されて、東宝との共同製作という形に移行してゆきます。東宝という会社はいい意味でも悪い意味でも「合理主義」が社是になっていますね。それは「天下の黒澤」といえども例外じゃなかったということでしょうか。

野上　『どん底』でセット一杯の演劇的仕事をしていた反動から、黒澤さんは、次は文句なしの娯楽映画、西部劇みたいにスピーディで、スケールの大きいのを、と『隠し砦の三悪人』を作った。ところがこれがまた、ロケが長びいて予定をはるかに越え、そこで東宝は考えたんですね、「黒澤にも負担を分担してもらおうじゃないか」と。それで一九五九年（昭和三十四）四月に「黒澤プロダクション」が設立され、儲けも損も東宝と折半、という契約をしたんです。その黒澤プロ第一作目が『悪い奴ほどよく眠る』。

――そのころハリウッドでもバート・ランカスターが「ヘクト・ランカスター・プロ」を作って、ＦＯＸと提携して『旅路』を作るなど、個人プロとメジャーの共同製作が顕著になってきます。チャップリンなどは四〇年代からそのシステムで映画を作っていますが。

野上　黒澤さんは、「プロダクション作って儲けの半分が入るとなったら、急にモウカル映画を作ったなんて言われちゃシャクだから、最初のテーマに汚職をとり上げたんだ」と言っていますが、この脚本には苦労して、五人がかりで八十五日もかかったそうです。復讐劇仕立てにしたんだけど、ちょっと苦しいよね。

私は、いちばん記憶に残っているのは、加藤武さんが大役もらって、散々絞られたこと。加藤さんてすごくいい人で面白いから、私は大好きな俳優さんなんですけど、でも当時は一日コッペパンだけで頑張ってる文学座の貧乏な若手でしょう、〝リュウとした背広の外車ブローカー〟なんて役、いきなりは無理よ。

――確かに風貌からして〝らしくない〟ですね。

野上　黒澤さんに言わせると「垢抜けない。もっとスマートにドアを開けて入って来てくれ」って。でも、身についていないんだもの。最初の出番で、「ドアを開ける前に、階段を軽くかけ上がってくるんだ」って言われて、でも画面には映ってないのよ、映ってないんだけど「そういう雰囲気で入ってこい」ってんで、セットじゃなく製作の本館の階段を軽くかけ上がる練習を半日やりましたね。

こうして加藤さんは何度もテストをやらされる、本番も何回もNGを出す。それに芝居がからむ三船さんも、まったくイヤな顔を見せず何十回でも同じことをくり返す。

加藤さんは、本当に三船さんは偉い、と尊敬したそうです。スターになると、そんな新人のテストなんかに付き合ったりしないものですよ。そこが三船さんですね。スターになれない、スターと思われたくない、という気持ちが強かったんでしょうね。

――「世界のミフネ」といわれたスターの知られざる素顔、信じられないエピソードですね。『悪い奴ほどよく眠る』は興行的には失敗しましたが、黒澤さんらしい硬質な正義感がよく出ている映画ですよね。

野上　私もそう思うし、個人的にも『悪い奴ほどよく眠る』はいろいろな思い出がありますです。中でも伊丹十三と川喜多和子の結婚は忘れられないですね。これも拙著『天気待ち』〝伊丹十三を惜しむ〟に書いているので略しますが、和子が留学先のロンドンから帰国して、演出の勉強のために初めて現場についたのがこの『悪い奴ほどよく眠る』なんです。私は彼女の〝後見人〟になり、一緒にいる時間が長かったのですが、当時のことを思い出すと、あの麴町の家の洋間の一枚ガラスの外でプラタナスの葉が陽光に輝き、風に揺れる一刻一刻が眼に浮かぶわ。

ゴダールの『勝手にしやがれ』を見て、みんな興奮している時代だった。私はしょ

『悪い奴ほどよく眠る』のセットで、右から黒澤明、加藤武、三船敏郎、藤原釜足　©TOHO CO., LTD.

っ中、和子のヒルマンに乗せてもらって麴町に直行し、石段を上ってドアを開けると、彼女は「どうぞ、そのままで」と靴をはいたままどんどん入っていく。まあ、外国式なんでしょうが、私も真似したけどキュウクツでね、脱ぎましたね。

結婚前はそのころ助監督だった西村潔と松江陽一さんなんかも来て、MJQ（ミルト・ジャクソンを中心に結成されたモダン・ジャズ・カルテット）を聴いてたりしていた。

『悪い奴ほどよく眠る』は三月二十二日に「NIモーターズ」のセット撮影からスタートした。さっき言った加藤武さん受難のシーンからね。ただどうしても思い出せないのは、私が岳彦（伊丹十三）を和子に紹介した場所なんです。今や二人ともいないし、知る人ぞなし、どこかのバーかホテルだったような気がする。

――和子さんは『悪い奴ほどよく眠る』に助監督として参加したのですね。

野上　そうですね。撮影が始まると、黒澤さんはいつものようにラッシュを見た後は大抵、編集をする。和子も私について編集室に来ていました。それが岳彦と知り合ってから、「あたし、今日は編集に行かなくてもいいよね」と言うようになり、「約束があるから」と先に帰りました。和子は正直な人で、翌日、昨夜はどこに行ってブランデーを一本空けた、とか、いちいち報告していたので、かなり進行しているのは知っていました。

――まさに〝愛のキューピット〟ですね、野上さんは。

野上　そうなんだけど、結婚は映画の完成を待ってだったのか、これも記録が見つからず不明。ただ、前日、和子と料理のチェックに行き、キャビアをひと口食べたのだけ憶えている、という意地汚さ。

結婚直後、と思うけど一九六〇年九月九日、実は知る人ぞ知る幻の映画『大津波』というのに岳彦は出演していて、和子同伴で長崎県の小浜温泉ロケに行っているんです。

――『大津波』……知る人だけしか知らない〝幻の映画〟ですね。

野上 『大津波』はあの一九三八年のノーベル賞作家パール・バックの原作(『つなみ』径書房刊)で、一九六〇年の日米合作映画です。といってもアメリカから来たのは、パール・バック女史と監督のタッド・ダニエルスキー、夫人、息子、助監督、メイクの担当だけで、オール日本人キャスト。早川雪洲、伊丹十三(当時・一三)、ミッキー・カーチス、ジュディ・オング、笹るみ子(現・なべおさみ夫人)、中村哲、千石規子、といったほとんどが英語ペラペラの人たち。なにしろ全篇英語ですからね。オール日本ロケで、漁師に扮した日本人同士が全員英語で会話するんだから、何とも珍妙なものでしたね。

そう言えばあのころ、小浜から和子が葉書をくれたけど、新婚早々ルンルンだったこともあるでしょうし、ギャラもよかったのでしょう、「ここでは財布の中を心配しないで、好きなだけ買物してる、魚が美味しいよ」なんて書いてよこした。

——パール・バック女史の滞在中は山口淑子(李香蘭)さんがアシスタントを務めていたらしいですね。

野上 そうですか。スタッフもすごい。特撮が円谷英二、撮影が山崎市雄、音楽が黛敏郎です。どうして私が詳しいかっていうと、二〇〇五年かな、特撮マニアで「映画『大津波』とパール・バック研究会」なんてのが出来て問い合わせがあったため、川喜多記念映画文化財団の小池晃さんに教えていただいたからです。その小池さんによれば、一般公開はされず、一九六二年四月に弘前国民劇場で東和映画配給により上映しただけだそうで、詳しくは『映画秘宝』二〇〇五年十二月号に掲載されています。『大津波』がたった一館で公開された年、伊丹一三クンは十六ミリで『ゴムデッポウ』という映画を自主制作し、勅使河原宏さんのデビュー作『おとし穴』の併映作としてATGで公開されました。

これも先日、出演していた当時の仲間たちと、懐かしさのあまり見せてもらいあのころを思い出しましたよ。サロンのような部屋の真ん中に炬燵なんかあってね、俳優だのプロデューサーが出入りしていてダラダラ酒を呑んでました。

一三はそのころからヴァイオリンに凝っていて、何でもマスターするまでやるので、既にバッハなどをこなしてました。左アゴにはヴァイオリンのタコなんて作ってましたね。有名なヴァイオリニストの前橋汀子さんも来ていて、玄関口に貯金箱が置いてあった。「前橋さんにストラディバリウスを買う応援を」みたいな札がついていたね。『ゴムデッポウ』の女の役は初めは和子の友達のモデルだった。ところがスウェーデンに行っちゃったので鷹理恵子さんになった。私は撮影には一、二度しか付き合わなかったけど、楽しそうでしたね。和子は助監督兼料理人だった。

いつごろからだったか、一三クンも俳優としての仕事が忙しくなって、和子から「タケは昨日も帰らなかった」なんていう電話が来るようになった。

大体、男は女性関係でも仕事でも、自分の値打ちを確認したいためなんだからね、相手を替えて褒められたりするのが好きで、男の原動力は見栄と嫉妬じゃないかと思うのは、歳をとった現在の私の感想です。

その後、一三は一九六九年、現夫人宮本信子さんと再婚し、伊丹十三と名前を変えたのは皆さんご存知のとおりです。

――ところで、黒澤さんが監督することになっていたオリンピック映画はこの前後のことですね。

野上　『悪い奴ほどよく眠る』は一九六〇年八月二十二日に完成しています。だからその直後でしょうか、黒澤さんは「東京オリンピック」の記録映画を頼まれて、ローマ・オリンピックの視察に行かれましたね。かなり張り切ってましたよ。私にも「今度オリンピックやるから、手伝ってよ」と言われ、私が、「スポーツはまったく知らないからなぁ」と言うと、「大丈夫さ。第一、つながりの心配はいらないんだから」なんておっしゃっていたのを思い出します。

ローマには、『隠し砦の三悪人』から助監督としてついた松江陽一さんが同行しました。松江さんは、増村保造さんと同じように映画留学生でイタリアに行っていたから、イタリア語もできるし、フランス語、英語も達者でした。その後『デルス・ウザーラ』のプロデューサーもしている。

このローマ行きには三船さんも参加していたそうです。この間、息子の三船史郎さんが、「ウチにそのときの写真、ありますよ」って。黒澤さんはご機嫌で帰られて、オリンピック記録映画の抱負を話してくれました。大体あの方は、スポーツはなんでも大好き。アメ・フト、野球、ゴルフ、相撲となったら、テレビにかじりついて見てますもんね。

――どんな構想をお持ちだったのでしょうか。

野上　黒澤さんの構想によると、まず、オリンピックの各国の国旗はいつも翻ってなきゃいけない。デレーッと垂れ下がっていては形が悪い。「クレムリンの赤旗だって、いつもはためいているじゃないか。あれは下から風を送っているんだろ。だからパイプかなんかで風を送ればできると思う」と。

次に「オリンピックのハイライトは陸上では百メートル競走だ。あれをまずリアルな時間で撮って、今度はハイスピードでくり返して見せる。そういうことは映画だから出来るんだ」などと、楽しそうに聞かせてくれた。やればやったで大へんな仕事になっただろうけど、なにしろ、あの編集の腕を持ってるんだから、市川崑監督のとは違った、迫力のある記録映画が出来たでしょうにね。

結局、予算が通らなかったために、「そんなんじゃ作れない」と断ったらしい。そのへんの事情はよく知りません。

——それで「黒澤プロダクション」の経済はどんな具合に推移していったのですか。

野上　『悪い奴ほどよく眠る』は、九月十五日に封切り。まァ、望み通りというべきか、大赤字になりましたね。

でも六一年『用心棒』の大ヒットに続いて、東宝からヤイヤイ催促されて『椿三十郎』を作り、翌年の正月に封切りされるや、これも大当りで、黒澤プロはいちばん金持ちだった時期じゃなかったかなあ。

『七人の侍』をリメイクした、ジョン・スタージェスの『荒野の七人』も売れたしね。『用心棒』はイタリア映画、セルジオ・レオーネ監督、クリント・イーストウッド主演の『荒野の用心棒』にもなった。これはリメイクじゃなくて盗作だったから、かなりのペナルティをとったはずですよ。

このときの調停に東和の川喜多長政社長が奔走して、かなりいい条件をとったらしいのですが、金銭がらみの話になると、大体、黒澤さんて計算のできない人だし、何となく川喜多さんに対して不信感を感じ出したような気がする。

——それは終生抱き続けた、プロデューサーに対する不信感、と同じようなものですか。

野上　そうですね。東和商事株式会社は戦争中からあれだけの仕事をしてたんだし、金持ちになるのは当然でしょう。鎌倉の自宅は日本家屋の豪邸で、外国の客を招くための離れもありました。しかも、近くにはプールも持っていたのね。日本の金持ちでも自家用プールを持っている人は少ないものね、そのころは。

ある日、川喜多和子に誘われて鎌倉に行ったことがある。長政氏が日本に帰って来たので、プールに水を入れた、とかで。私は泳げないので、大きな浮き袋を持って、和子の水着を借りて、プールに行きました。初夏だったのかなあ、陽は燦々とまぶしく、木陰の下のプールの水は透きとおってキラキラ、正に〝陽の当たる場所〟ね。後から長政氏とかしこ夫人も来たんだけど、かしこ夫人の水着姿で泳ぐところなんて、日頃、紫色の和服姿しか見ていない人には想像できないでしょうね。私は、浮き袋にお尻を入れてプンカプンカしてたけど、和子は飛び込みを長政氏から教えてもらっていた。その様子は父親の娘への愛情を感じさせましたね。しばらくすると、かしこ夫人の妹のフーちゃんが、籠を下げて現れ、「みなさん、お三時ですよゥ」なんて、かわいいオムスビかなんかを持ってきてくれた。

あの午後の一刻は、忘れられない一場面です。和子、かしこさんと続けて亡くなり、あの川喜多一家が突然崩壊してしまった今となっては、特にね。

頂点を極めた『天国と地獄』と『赤ひげ』

――好調だった「黒澤プロダクション」は更に、『天国と地獄』、『赤ひげ』を製作し、

『天国と地獄』のセットで、右から黒澤明、一人おいて著者、左手前に三船敏郎　©TOHO CO., LTD.

まさに頂点に登りつめようとしていたのですね。

野上　黒澤さんも『椿三十郎』公開の年、六二年の九月に狛江から松原へ転居されています。車もジャガーを買って運転手さんを雇った。そんな生活の変化が影響したんじゃないか、とも思えるのですが、次があの傑作『天国と地獄』です。写真を見ると、彼はこのときからハンチングにサングラスじゃなかったかな。

黒澤さんは、「『天国と地獄』について、「エド・マクベインの原作で使ったのは、子供を間違えたことだけだ」と。たしかにこれも、日本の事情に合わせて、当時走り出したばかりの特急「こだま」を使ったり、横浜の麻薬街を見せたり、見事な推理ものにしましたよね。

黒澤さんが言われましたが、「推理ものの鉄則は、時間を誤魔化さないこと」だそうです。だから「こだま」の走っているリアルタイムに、ドラマがぎっしりつまっていて、それを八台のキャメラで同時に撮ったんですからね。迫力ありましたよ。

──「こだま」の使用料は相当高かったんでしょうね。

野上 あの撮影では、東京─熱海間の「こだま」を借り切った。料金は全車両、東京─熱海間の定員分乗車賃のみ。それも片道だけですって、帰りは回送になるから。でも一回の勝負だから、前もって品川車庫でリハーサルをしたり、スタッフでテスト撮影をしたり、準備は大変だった。

そのテストのとき、助監督が犯人役になって、子供をつれて鉄橋下の砂利山に立っていた。三船さんが車窓から子供を確認する大事なところね。そのフィルムをキャメラマンの中井朝一さんが見たら、肝心なところで、手前の家の屋根が子供を隠すってわけ。中井さんが、その写真を持って、セットで撮影中の黒澤さんのところへ相談に来たそうです。

私はそのときいなかったんだけど、当時の助監督の出目（昌伸）さんに聞くと、黒澤さんはただ「どうする？　どうする？」って言うだけなんだって。「こうしろ」とか「屋根をトッぱらっちゃえ」なんて一切言わなかった。この屋根をトッぱらった話は〝黒澤天皇〟、〝完璧主義〟の例としてよく使われる話なんだけど、実際は「どうする？　どうする？」だけだったそうよ。でも、そう言われちゃあ、何とかしなくちゃね。撮影の二日前のことだから。

——そうだったんですか。「針小棒大」の典型的なお話ですね。

野上　それで製作担当の根津博が、大道具二人を連れて、その家を訪ねた。問題の二階は、六畳の子供部屋だけ。ご主人は入院していて、奥さんだけだったのが幸いしたかもしれない。

根津博は、撮影が終わったら元通りにする、と約束したそうです。奥さんの判断で許可をもらい、早速二階をトッぱらって、ビニールシートをかけた。今、フィルムに映っているのを見ても、やっぱりこれは正解でしたよ。犯人が砂利山の上に帽子かぶって立っているのがよく見えるでしょう。こういうのも、中井さんのようなベテランだから指摘できるのよ。砂利山も少し足して高くしたらしい。根津博は、「そこのお家には勿論お礼をしたけど、その家を建てた大工さんに頼んで、つまり大道具にではなく、本職の大工さんに頼んで、ちゃんと元通りにして返した」と、そんなことを語ってくれました。

——『天国と地獄』のハイライトである「こだま」の車内の撮影はいかがでしたか。

野上　本番の撮影はキャメラ八台、息のつまるような撮影でしたよ。実際に「こだま」

を走らせて、その間に全部やるんだから。手持ちキャメラで狭い通路を追いかけたりする緊迫感は真に迫っている。何しろ撮影の昂奮と芝居の緊迫感が相乗しているから。

とにかく、予定通り熱海へ着く前に撮り終えて、緊張感がほぐれると、キャメラマンやスタッフは一斉に、陽気に、ああだった、こうだったと話しては笑う。なにしろ八台のスタッフだからね。

「こだま」は東京へ向かって「回送」です。根津さんが、「お疲れさまです。三船ちゃんが食堂車にビールを用意しましたから、どうぞって」と、黒澤さん、仲代さんやスタッフを呼びにきた。

「気が利くなあ、三船ちゃんて」と一同大喜びで食堂車へ行きましたよ。そこにはもうリラックスした三船さんや村木さんたちが、「わー、大変だったよねえ、お疲れさま、お疲れさま」と、ビールジョッキで乾杯。ウーン、うまい！　と盛り上がっているところへ、緊張して顔面蒼白の助監督の松江陽一さんが入って来て、キャメラマンの中井さんに耳うち、顔を寄せ合ってひそひそ始めた。「どうしたんだ？」と黒澤さん。

チーフの森谷司郎さんが眼をパチパチさせながら、「最後尾のキャメラの二台のうち、一台が故障して動かなかったそうです」と言う。

黒澤さんは一瞬顔を曇らせましたが、そのとき彼の頭の中の編集機はもの凄いスピードで回転したんでしょうね。「とにかくラッシュを見てからにしよう」と言った。

後日、加藤武さんは、「ボクだけもう一度〝こだま〟に乗って撮り直したよ」と言うんだけど、私にはまったく記憶がない。

――三船さん、仲代さんをはじめ、みな熱演ですが、運転手役を演った無名の佐田豊さんもよかったですね。

野上　この出演者の中でいちばん苦労したのは、運転手役の佐田豊さんだと思う。佐田さんは俗にいう「大部屋」の俳優さんで、通行人なんかをすぐ頼まれる人だった。『七人の侍』では農民の一人で逃げまわっていた。だからこんな大役は一生に一度という感じで、身の縮むような恐縮の固まりになっていたの。だから逆に、この役にはタイプといい性格といい、ぴったりだった。

ただ、彼が苦労したのは、車の運転。役が運転手なんだからね。まず、免許証を取るのが大変だった。当時はまだ車を持っている人はスターだけでしたから。さらに気の毒だったのは、左ハンドルのベンツの運転手なのね。教習所じゃベンツなんてないし、左ハンドルもないですよ。

江ノ島の見える腰越の別荘地を、犯人の家を探すために子供を後ろに乗せて、ベンツで走りまわるシーンがあったでしょう。あの辺りはまた坂が多くて怖かったんですよ。佐田さんは運転しながらブレーキ踏む度に後ろの子供がとび上がるもんで、生きた心地はしなかったって。それで危ないからってんで、ベンツの運転手が、佐田さんの足許に横になって身を隠して乗っているんですよ。いざという時にブレーキを引くためなんだけど、かえって怖かったそうです。

――この映画でもうひとつ忘れられないのは、新人の山崎努さんの鮮烈な個性ですね。

野上　山崎さんは当時、まだ文学座の研究生だったと思う。映画の出演作も何作かあったようですが、オーディションで黒澤さんの前に出たとき、「この映画は出演するより、客として見るほうがいいですね」と言ったそうです。たぶん、ずいぶん前から考えた台詞だったんでしょうね。でも結局は出演が決まり、実質的に見事なデビューを飾りました。

山崎さん扮する犯人が、初めて画面に登場する場面。彼の人生を象徴するような汚れきったドブ河に、犯人の姿が映ります。ところがこのワンカットが大変だったの。台本には「運河沿いの道」とあり、「悪臭のただようコールタールのような水」、若い男が「手に新聞の束を抱えて、ゴミゴミした小路へ曲がる」というト書だけだけど、このときすでに黒澤さんのイメージは出来ていたのでしょう。

でも、そんなことは知る由もなく、小道具さんは朝一番に撮影所からロケ場所に大袋一杯のゴミをいくつか運んだんです。現地につくや、それをゴムボートに積んで、河の中ほどを下りながらそのゴミを水面にバラまいていった、花咲爺さんみたいにね。それを見た黒澤さんが、「何やってんだ！　いいかげんなことをするな！」とボートの小道具さんを怒鳴りつけ、結局その日の撮影は中止。

しょげかえった助監督と小道具さんたちは、相談の上、横浜清掃局を訪ね、「カクカクシカジカだから、あの運河を本当のゴミで汚させてほしい。終わったら、きれいにして戻すから」と。それからひと月くらいかかったかなあ。排水溝辺に竹箒をササラのように何本も立てて塞ぎ、ゴミがつまるようにした。水は汚くなり、悪臭を放つまでになって、やっと撮影ができた。水面に犯人、山崎の姿が映って、シューベルトの「鱒」が流れるところ。あそこは、はじめはアメリカのフォークソング・グループ、ブラザース・フォアの「グリーンフィールズ」を使うつもりだったんだけど、版権使用料が高くてね。

――ロケーションといえば、山崎さんが立ち寄る巨大なバーというかキャバレーというか、飲食店も忘れられません。

野上　あの麻薬受け渡しの飲み屋は、横浜に実際にあった「根岸屋」という飲食店をそのままセットに作ったの。天井の鏡は黒澤さんのアイデアだと思う。〝ヤキトリ○○円〟、〝焼酎○○円〟と書かれた短冊のようなのがいたる所に貼ってあって、とにかくごった返してワンワンしていたでしょ。食べ物もみんな本物よ。米軍の応援を頼んで、米兵のエキストラに大勢出てもらった。横浜だからね。焼肉なんか食べている横で黒人兵がチークダンスしてたり、黒澤さんはゴキゲンだった。

ところが、そのダンスのためにセットに流す曲、佐藤勝さんに指示されていたのは、日本の流行歌だった。まァ、そんな場所だからでしょう。そしたら黒澤さん、「こんな曲じゃ、米兵さんたちは踊れないよ」っていうわけ。「本場のジャズを持ってこい」って言うんだけど、いきなり言われてもね。チーフの森谷さんも困ってね。

結局、そのころ、私が近くに住んでいたんで、家にとんで帰って、セロニアス・モンクのテープを持ってきた。これだってダンスには向かないと思ったけど、その場はそれで撮影した覚えがありますね。勿論、最終的には、佐藤さんの音楽と入れ替えましたけどね。

『天国と地獄』は六三年三月一日公開。これも大ヒットしました。

――次の『赤ひげ』は黒澤プロダクションと東宝の最後の提携作品になりますね。

野上　六三年の暮れもおしつまった十二月二十一日、あの巨篇『赤ひげ』がクランク・インするんですねぇ。千葉県野田の田圃で、山崎努さん扮する佐八が、桑野みゆきのおなかを口説くシーン。残雪の残る見渡す限りの田圃に、ロケ用の車が何十台もダーッと並んでいる。それが、よく見えるんだ。役者は二人だけだっていうのに、オーバーに見えたわね。さあ、監督は激怒しましたね。「あの車はなんだ!!」ってね。「俺は『ベン・ハー』撮ってるんじゃないんだッ!」っていうわけです。でも、それぞれ必要のある車なんだけど、とにかく、目立つ。

この日撮影を始めた『赤ひげ』は丸々一年、翌六四年十二月十九日に撮影を終えました。仕上げはまた、年を越して六五年。封切りは四月三日です。足かけ三年になりますね。

黒澤さん自身が「ボクの集大成」とおっしゃっているように、そして「ベートーヴェンの〝第九〟の合唱が最後に聞こえてくるような作品にしたい」と言うように、完ペキな作品になったと思いますね。

原作者の山本周五郎さんも、「原作よりいい」と褒めてくださったそうです。ただ残念なのは、この作品を最後に、三船敏郎さんが黒澤映画に登場しなくなったことですねぇ。これについては、エッセイで私見を述べたので省きます。

ただ振り返ってみると、この『赤ひげ』の前ですが、三船さんは、一九六二年に「三船プロダクション」を設立しました。そしてその翌年、その第一作を記念して、御祝儀のつもりだったんでしょう、東宝の藤本真澄プロデューサーなんかからオダテられて、三船敏郎第一回監督作品、菊島隆三脚本『五十万人の遺産』を製作しました。この一件も拙著『天気待ち』にあるので略しますが、この編集を黒澤さんにお願いした。三船さん、本当はあんまりお願いしたくなかったんだろうけど、頼まないわけにいかない。また、黒澤さんのほうも引き受けないわけにはいかない。なにしろ長い付き合いの二人の仲だし、今度はしかも三船敏郎第一回監督の晴れ舞台ですから。

――当時の一観客としては、三船さんと監督業というイメージとがどうしても結びつかず困惑した、という記憶があるんですが……。

野上　そうですね。たぶん三船さんは一度も「ヨーイ、スタート」「カット」の号令すら発声してなかったと思う。すべては、稲垣浩門下の小松幹雄さんに任せていた。それだってね、三船さんは稲垣組に気を使って彼を抜擢したのだと思います。だって、他のスタッフは全部黒澤組のまんまですもの。

　それにしてもこのホンはよくなかった。それでも三船さんは、菊島隆三先生のオリジナル・シナリオですから、文句をつけようがない。製作発表のときも、「こんなに素晴らしい脚本をいただいて光栄なことです」、と挨拶していましたねぇ。

　ホンがよくなくて監督不在、スタッフだって黒澤組のようにはいかない。フィリピン・ロケだって、海外ロケは初めて、みたいな時期だから、お土産買って気楽なもの。いい作品が出来るわけありません。三船さんが気の毒でした。

――編集の名人である黒澤監督がやってもだめなんでしょうか。

野上　この作品は東宝傍系の宝塚映画のものだったので、編集も宝塚スタジオでやりました。三船さんは、黒澤さんと一緒にご家族も招いたんですよ。黒澤さんは編集室で、毎日この映画のフィルムを見ながら、「三船のヤツ、何をやってんだ」と心の中で憤りを感じていたかもしれない。かつて、谷口千吉の『銀嶺の果て』を編集しながら、フィルムの中の三船敏郎に惚れ込んだのと、それはまさに正反対だったのかもしれない。

素晴らしいシーンの数々

――では具体的に、なぜ『赤ひげ』が頂点だったのか、現場での黒澤さん、三船さんのことなども含めて、野上さんの『赤ひげ』観をお聞かせください。

野上　そうですね。六三年の暮れから『赤ひげ』が始まって、先ほど言ったように撮影は一年間かかったのですが、『五十万人の遺産』があったものの、特に二人の間で変わった感じは見られませんでしたねえ。ただ黒澤さんは「〝赤ひげ〟という医者は、立派だっただけじゃない、人生の裏も苦労も知っているということを忘れないように」と三船さんにも話していました。これは、映画化に当たって原作者の山本周五郎さんから黒澤さんが言われた、いわば注文だったようです。

私が『赤ひげ』で特筆すべきものといえば、まず、若い医者の保本を演じた加山雄三が素晴らしかったこと。内藤洋子の発見。二木てるみの瑞々しさ。桑野みゆきの女っぽさ。黒澤さんは女を描けない、というのが定評だけど、この映画の女たちを見てほしい。巧いもんじゃありませんか、ねえ。

――撮影、美術、照明、録音といったスタッフの仕事も見事です。

野上　村木さんのセットの素晴らしさは、いつものことながら、すごいなあ。赤ん坊を背負った桑野と、風鈴を持った山崎努が別れる坂道でも、大きな屋根をセット一杯に作った。建物の一部分だけを大きく作るのは、よく文楽や歌舞伎でも見られる手法だけど、黒澤さんも村木さんについて「大きいものを作らせると、右にでるものはいない」と感心していましたからね。だから黒澤さんは、その素晴らしいセットを自慢したくて、撮影中も客の見学を許していましたよ。外人の客も多かった。ピーター・オトゥールなんかも来てましたね。

あのシーンの終わりは、見送る山崎がさげている風鈴にキャメラがパンしていきました。うまいなあ、と思いましたね。望遠レンズだから女はいつまでも小さくならない。すがりつくような男の気持ちも出ていましたね。あの風鈴というのは、江戸時代のほおずき市には無かったそうです。明治になってからだと聞きました。でも、黒澤さんは、二人が出会ったとき、吊るしてある風鈴が一斉に鳴る、その効果を狙って史実をあえて無視した。これぞ演出っていうものでしょう。映画は具体的な表現ですからね。監督の感覚の〝容認〟だと思います。

――日本ではそういう演出技術に対する評価がほとんどなされず、抽象的な思想とかメッセージがどうの、という批判が多かったように思います。

野上　私の大好きな場面のひとつは、ラストの祝言をとり交わすところ。笠智衆さんが「これでよい、これでよい」と言うでしょう。あれは東宝所有のオープンにセットを作ったんですが、はじめはスタジオ・セットの予定だった。あの雪の翌朝、太陽が輝いて眩しい感じ、そして、雪の日の感じが実によく出ていますね。その雪の上を吹く風の冷たさが客席まで届くようです。向かいの軒先から落ちる雫も、美術部さんが樋に工夫してボトンボトンと落ちるようにした。こういう表現の感覚こそ、才能というもんですよ。

『赤ひげ』の雪の場面では、映画史に残る美しい場面が他にもあります。山崎努の佐八と桑野みゆきのおなかが出会う場面。降りしきる雪の中を急ぐ佐八に、おなかが傘を貸すところです。

あの雪は、ちょっとやそっとの雪じゃない。あれだけのロングで、しかも屋根の上の空が見えている。当然のことながら仕掛けはあるのですが、それがバレたら大へん。小道具さんたちは何日も準備して高い所にワイヤーを張り、雪を入れた金網の箱をいくつかモノレールみたいに吊るして揺らしながら引っぱった。

その雪の素材は、昔から麩と決まっている。料理に使うあの〝お麩〟。棒状のものをおろし金でおろすのよ。これが古典的な粉雪の原料ね。最近は発泡スチロールが主になったけど、軽すぎて、上へ舞ったりする。でも麩にも湿気に弱いという欠点がある。ちょっとでも濡れるとくっついて金網から落ちない。

この傘を貸すシーンのときも、オープン・セットで大仕掛けでした。撮影部としては晴れちゃ困る。どんよりした雪空が望みです。その日は、ポッポッくるような空模様。撮影部はいいけど、小道具さんたちは麩箱が湿らないように大へんだったそうです。

でも、雪の名場面として有名で、先日も山田洋次さんが『母べえ』の撮影のとき、参考に見たそうです。

雪といえばまだある。『赤ひげ』後半で、かわいそうなおとよが療養所に引きとられ、保本の看病をするところ。おとよがそっと窓障子を開けると、表に音もなく雪が降っている。なんという美しい感覚か、と思いますね。

編集のときは、ここにハイドンの交響曲第九四番「驚愕」を入れました。この曲、好きなんですよ、黒澤さん。後でサントリーCMの最初に、「悪魔のように細心に、天使のように大胆に」で同じ曲を使いました。ただ、これはあくまで作曲家に自分の狙いを伝えるためであって、『赤ひげ』でそのまま使うわけではない。これは『天気待ち』に書いたことですが、この曲をめぐる言葉のやりとりで佐藤勝さんとは決別することになるのです。

——じつは、そのおとよが山本周五郎の小説には出てこないのを最近知りました。演じた二木てるみさんもよかったですね。

野上　そうなんです。この茶碗の件りのシーンで、二木てるみの演じたおとよは、ドストエフスキーの『虐げられた人々』の中のネルリがモデルです。だから黒澤さんが常に言う「天才とは記憶だ」というのが納得できる。彼に言わせれば、読んだ本、見たこと、会った人たちの記憶をどれだけ蓄積するか、必要に応じてそこから引き出す才能を持つ人が天才だと言うのね。

私が驚くのは、それを自分の感覚で再生産する巧さね。おとよが保本の茶碗を割ったことで、物乞いをしてまで買って返そうとする、あの橋の場面は、いつ見ても泣いちゃう。オープン・セットで、強風を吹かせて、撮影は大仕事でしたけどね。黒澤さんのあの厳しい仕事にスタッフがついてくるのは、どんなに苦労しても結果が素晴らしいからですよ。

先ほどセットにたくさんの見学者が来たと言って思い出したんだけど、そんななかに、後のプロデューサー、青柳哲郎さんもいたような気がする。お父様の青柳信雄監督は、早撮り娯楽ものの名人で面白い人だったから、その息子さんというので好感は持ってたけど、私には紹介されて会った記憶がない。ただ彼の家は今の私の家の近くなので、時々出会うけど、明るくて愛想がいいのね。「ようノンちゃん、お元気そうじゃないの」って調子でね。

青柳哲郎、現る

――東宝を離れてからの黒澤さんを語る場合、必ず名前があがるのが青柳哲郎です。負というかマイナスの運命をもたらした人、と言うとオーバーかもしれませんが、黒澤さんのその後の人生を語る時には欠かせない人ですね。

野上　そうです。黒澤さんは明るくて陽性な人が好きなんですよ。青柳さんも明るくて、黒澤さんの好きなタイプだったと思うけど、黒澤組の経験がなかった。ただアメリカで映画を勉強して、英語もよく出来るというので急速に接近して、六六年、アブコ・エンバシー・プロで「ランナウェイ・トレイン」、つまりあの『暴走機関車』の製作発表に至るんですね。そのときは、「カラー、70ミリの大作」のはずだった。プロデューサー青柳哲郎で。

――頂点を極めた『赤ひげ』のときから青柳さんの出入りが始まっている、というのが不気味ですね。

野上　そうですね。『赤ひげ』の撮影中、黒澤さんは青柳さんのことを「哲ちゃん」「哲」という呼び方で、私にも話してくれました。「哲がひとりで一生懸命やってるよ。このあいだ分厚い手紙をよこしてね。川喜多もずいぶんひどい儲け方をしてるらしいな」と言うので、ちょっと説明しようとすると、「いや、あんたは知らないんだよ」

と言うのです。私はなにか、いやな不協和音が忍びこんで来たのを感じました。昔は川喜多かしこ夫人のことを「あんなにステキな人はいないね。月世界旅行の話をしてたら、でも月の世界には映画がございませんもの、だって」などとベタ惚れだったのに。

黒澤さんという人はとにかく、いったん気に入るとベタ惚れ状態になるんだけど、何かでイヤになると、憑いた狐が落ちたみたいに大嫌いになっちゃう。今までそういう相手が何人かいたのも知っていますがね。天才とはかくなるものでしょうか。私なんかは、最初から熱愛された時期がなかったから醒める時もなく、デレデレと五十年間も続いたのかもしれませんね。

――『暴走機関車』は彼ひとりが水面下で動いていたわけですね。

野上　一九六六年に製作発表された『暴走機関車』は、ロケハンも進み、キャスティングも決まってきたものの条件が折り合わず、撮影は一年延期。結局は中止になった。後に八五年、アンドレイ・コンチャロフスキーが黒澤明原作で映画化しましたけど、まったくのハリウッド式活劇になっていましたね。

この映画のことでコンチャロフスキーが御殿場の黒澤別荘に打ち合わせといって訪ねて来たことがある。私も同席しました。黒澤さんは、彼の弟であるニキータ・ミハルコフの話ばかりしていたような気がする。彼が帰った後、ニキータと全然違うね、と言ってました。あまり気に入らなかったみたい。映画もテレビで見たのか、ヒドイものだ、とおっしゃっていましたね。

そして六七年、あの『トラ・トラ・トラ！』へ突入する。黒澤さんがスタッフ編成のとき私を外したのは、青柳と川喜多家との確執から、私が川喜多家と親しかったことがあったからかもしれません。

ともあれ、黒澤さんは青柳哲郎を信じ、米国ハリウッドの恐ろしさを知らぬまま、ともに坂道を転がり落ちていったのです。

黒澤明と小國英雄

――この章の最後に、今まであまり語られてこなかった小國英雄さんについてお聞きしたいと思います。黒澤流合議制シナリオ作りの中心的人物は小國英雄さんだと言われています。野上さんと小國さんとのお付き合いを教えてください。

野上　最後に会ったのは中野区の宝仙寺で行われたマキノ雅広監督のお葬式のときだったと思います。一九九三年十月でしたね。あのときあなた（植草信和）と二人で帰路の小國さんを東京駅までお送りした。本当は小國さんは、焼き場まで行きたかったんです。ところが「遠路よくきてくださいました」と歓迎されると思って上京したのに、そんな自分の思惑とは関係なく、知らない若い人の仕切りでどんどん葬儀は進んで行って、自分の出る幕はなかったとガッカリなさったんでしょうね。あんなに親しかったんですから。東京駅のしけた食堂で、三人でビールかなんか飲みましたね。小國さんが気の毒だった。

――参列者やスタッフの人たちも「あの人、誰？」みたいな感じだったように思います。

野上　そうですね、だから東京駅で飲み始めても、なかなか帰るとは切り出さなかった。最後は「もう帰ったほうがいいですよ」と、無理やり追い返すような感じで、切符買うのにも、小國さんの懐に手を入れて、首から提げているお財布からお金出して、「これで切符買いますよ、いいですね」と言って切符買ってあげたわね。

――「マーちゃんが、マーちゃんが」って、言っておられましたね。

野上　マーちゃん、つまりマキノ雅広監督のことをいろいろお話ししたかったんでしょう。その前に会ったのは一九七九年、京都の「石原」という黒澤さんの定宿に、小國さんをお招きしたことがある。そのときも小國さんは、黒澤さんに「お前はいいよ、まだ仕事ができるんだから」とか「おれ、金がないんだよ」とか、愚痴ばっかり言ってました。そしたら黒澤さんが、「お前も書きゃあいいんだよ、書けば」なんて、書けないのがわかっているのに、「書けよ、書けよ」って言うんですよ。

――『影武者』以前のお二人はどんなふうだったのですか。

野上　黒澤さんは小國さんのことを決して悪くは言わなかったですね、シナリオのことはまた別ですが。武者小路実篤さんのお弟子さんということもあるし、キリスト教のことにも、また英米文学、ミステリー小説にも造詣が深い、大変な博覧強記の人でしたからね。だから黒澤さんはいつも、「小國がいちばんわかる」と信頼しておられましたよ。

小國さんにはメチャクチャ稼いでいた時期があるでしょう、ロッパの喜劇や「銭形平次捕物控」シリーズといった長谷川一夫の時代劇なんかをやられていた。宿に缶詰で書き飛ばしてた売れっ子脚本家だったっていうものね。昔の贅沢な時代が忘れられなかったんでしょうね。

八四年、『夢』にとりかかる前くらいに貰った手紙があります。滋賀県の田舎の一軒家に引っ込んで、ぼやいて手紙をくださるのです。

「生涯初めての貧乏に陥って（いずれまた大富豪になるに違いありませんからね）居るので、ノンちゃんを喜ばせる贈り物をお送りすることは出来ません、堪忍してください」なんて、読むと哀しくなりますよ。

その手紙に「『百年の孤独』読み始めました」とあったので驚いたのですが、実は当時、ガルシア・マルケスから黒澤さんが『族長の秋』を撮ってくれと頼まれていた。その話をしたからでしょう。でも、挑戦する意欲はあったんですよ。

いつだったか忘れたけど、小國さんの一軒家の家を訪ねたことがあります。長谷川一夫と親しかったから、彼がまだ林長二郎の芸名だった時代に千本組の若いのに顔を切られたときの話なんか、見て来たような話し方で話すの。面白かったなあ。

千本組の若いのが指の間にカミソリの刃を二枚挟んで、撮影所から三人連れで出てきた林長二郎の顔をサーッと切って、側溝に飛び込み、水を跳ねながらダーッと逃げて行った。長二郎は顔を押さえて、「鏡を、鏡を！」と叫んだそうです。その場にいた者から聞いたんですって。そんな時代だったんですよね。

そのころの小國さんの遊び方はすごかったと、京都の宿屋の人から聞いたことがあります。

――黒澤作品のクレジット上では、『乱』が最後の共作になりますね。

野上　黒澤さんはその共作のころ、「小國はもうだめだ、書けない」と言っていました。これは伝聞ですが、黒澤さんが御殿場の別荘に小國さんを呼んで二人で『乱』を書いていたけれど、結局、小國さんが別荘を飛び出していって、喧嘩別れみたいになってしまったとかいう話です。「小國はもう書けない」と言っているのを、私も直接、黒澤さんから聞きました。小國さんは日本映画のいちばんいい時代を知っていて、華やかに遊び尽くして終わった人、という印象が私なんかにはあります。

――お二人の関係にまつわる印象的なエピソードとして、小國さんが『赤ひげ』について言った一言が黒澤さんにダメージを与えたということがあるそうですが。

野上　黒澤さんは映画を撮り終えると、いつも小國さんの反応を気にするんです。黒澤さんが小國さんを尊敬していたことの証しだという気もするのですが。黒澤さんは『赤ひげ』の人間像について、原作者の山本周五郎さんからも「赤ひげは心に深い傷を負った人間だ」と言われていたこともあって、ちょっと気になっていたところへ、小國さんから一言いわれて、グサッときたのだと思います。

——その一言というのは……。

野上　「あの三船は違うぜ」って。

——どういう意味でしょうか。

野上　そのとき私は小國さんのそばにいなかったから真意はわかりませんでしたが、黒澤さんは私に「小國に言われたよ、あの三船は違うぜって」って言っていました。小國さんは、そういう意味では黒澤さんに影響を与える人でしたから。

——具体的にはどういうことなんですか。

野上　赤ひげ、つまり新出去定という人間は三船さんが理解し演じたような豪放磊落なだけの人間ではなかった、もっと複雑で表裏がある人間だったということなのだと思います。

——けれど三船さんは、黒澤監督の演出のもと、脚本（黒澤明、小國英雄、井手雅人、菊島隆三の共同執筆）に書かれているとおりに、赤ひげを演じたわけですよね。

野上　そうです。私の臆測になりますが、小國さんは、黒澤さんの演出力はそういう赤ひげの微妙な人間性を出せていない、と言外に言ったんだと思います。

――たしかに、「自分は大名や金持ちにはとてつもない大金をふっかけるような悪いやつだ」という赤ひげの台詞が咀嚼されていない、映像的に昇華されていないという印象はありますね。

野上　それを台詞で説明しているだけだ、と小國さんは言いたかったのかもしれない。

――それで思い出したことがあります。野上さんは『まあだだよ』のシナリオが出来たとき、それを小國さんに送られていますね。そのあと僕（植草）は小國さんのご自宅に伺ってシナリオの感想を聞いたのですが、「あれはだめだね」って言うんです。どうしてですかと訊ねたら、「このシナリオには悪の種子の発芽が書かれてない、あの弟子のなかの一人ぐらいには悪の種子を設定しないと、ドラマとしては薄いものになるし、現代を照射できない」という感想を述べられた。

野上　『まあだだよ』は、世の中がこうなってほしいという黒澤さんの願望を表したドラマだから、悪いのは出てこない。でも、小國さんはあなた（植草）に言った感想を、黒澤さんには伝えていませんね。

――そのときに小國さんから聞いた話ですが、『悪い奴ほどよく眠る』を旅館に籠ってみんなで書いているとき、『清水港に来た男』のプロデューサーから電話がかかってきて「マキノ雅弘監督がゴネてるから、すぐ来てくれ」と。それで旅館を抜け出してマーちゃんを慰めに行ったんだよ、俺が黒澤組に入るとあいつは嫉妬するんだ、と。

野上　小國さんという人は、人情家で、弟子をいっぱい作って、先生、先生と言われたり、「俺が話をつける」、みたいな行状が好きなんでしょうね。でも黒澤さんは、そういった昔ふうのカツドウ屋っぽいことは嫌いでしたもの。

——野上さんが『天気待ち』のなかで、勝新太郎に連れて行かれた祇園の御茶屋でステーキをご馳走になっての帰り路、黒澤さんが、付いた芸妓について「イヤだよ俺、あんなの気持ち悪いよ」とさんざん貶めたとお書きになっていますが、そういうのとも通じるものがありますね。

野上　黒澤さんはもともと、芸妓のようなタイプにはちっとも魅力を感じなかったようですよ。勝新さんや小國さんが好きだった白粉くさい遊びは嫌いだったんですよ。それと同時に、黒澤さんはお金に執着するというのが大嫌い。もともとお金については誰もが無関心ではいられないわけだけど、結局、菊島隆三さんと揉めたのも、そのことが原因だったようです。

——余談ですが、『用心棒』の桑畑三十郎と『椿三十郎』の椿三十郎のキャラクターを作ったのは菊島さんだという説がありますが。

野上　シナリオ段階のことは私にはわからないけど、あのキャラクターは黒澤さん本人がお考えになったと思いますよ。『椿三十郎』の原作は山本周五郎さんの短篇「日々平安」でしょう。それに、あのキャラクターは黒澤明そのものだと、私は思いますね。

第四章　不死鳥は飛ぶ

黒澤さんと離れた私のサン・アド時代

——六〇年代後半からメジャーの映画会社の経済的基盤が崩れ、全世界的に映画は新しい時代に入ったと思います。当然のことながら黒澤さんのような天才もその波に飲まれたわけですが、その苦悩とはどんなものだったのでしょうか。

野上　一九六八年の正月に、珍しく黒澤さんからお手紙をいただきました。封書です。

「新年おめでとう。中年になりましたが、こちらは当分虎年です」

もちろん『トラ・トラ・トラ！』のことね。

「参考文書を読む事山の如く、原稿を書き流す事大河の如く、いやはや大変な仕事です」

とボヤいているようですが、張り切っている感じがよくわかりますね。最後に、

「御無沙汰をしているが、一緒に仕事をした人達の事を忘れているのではない。よろしく云って下さい。では又。正月明けから、また虎と大格闘とございい！」

と、正月の酒も利いているのか、はしゃいでいるみたいなくらい張り切っておられましたね。ご承知の通り、一年後には撮影二十日で監督を降板させられるんですが。私は『赤ひげ』後、すでに東宝を離れていたので、『トラ・トラ・トラ！』についてては直接知りません。このことについては、田草川弘さんの『黒澤明 vs.ハリウッド』で、最近やっとわかったくらいです。

私が東宝を離れたのは六六年でした。川喜多和子が、「頼まれた仕事なんだけど、自分は出来ないから代わってくれないか。サントリーの子会社でサン・アドという会社があるんだけど、そこが七〇年の大阪万博のサントリー館にかける映像を制作するので、それを手伝って」というのです。

ちょうど黒澤さんの仕事も出来なくなっていたので、私は喜んで紹介してもらいました。

——当時、『洋酒天国』というセンスのいい企業PR誌を出している会社として、知る人は知っていましたが、どんな会社だったんですか。

野上 サン・アドという会社はサントリーの宣伝部にいた、開高健、山口瞳、柳原良平さんなど、ユニークな仕事をしていた方たちが、宣伝会社として独立したものです。サントリーとホンダの宣伝を独占的に制作しているみたいだった。その時、丸の内のサン・アドで紹介された重役矢口純さんは、以前『婦人画報』の編集長だった人。会社の雰囲気もまるで遊んでいるみたいで、昼になると、後に社長になった坂根進さんがみんなを引き連れて、近所の中華料理店でご馳走してくれるの。こんなんで儲かるのかなあ、と思ったくらい。

　万博のサントリー館にかける映像は『生命《いのち》の水』というタイトルで、坂根さんが企画総指揮。万博の各社パビリオンが、ネコも杓子もやったようにマルチ・スクリーンで映像を見せる方式のドキュメンタリーでした。世界各地で水にまつわる映像を撮ってくる。監督は勅使河原宏。といっても彼は監修役で、実際はドキュメンタリー作家で脚本家の富沢幸男さんです。スタッフはテレビ朝日の人たちでした。

　私には、アシスタントといえど、プロデューサーなんて仕事は出来るわけがない。今まで黒澤組というちょっと特殊な場にいただけなんだから、お金の計算なんてとんでもない話ですよ。こんなド素人によくこんな大仕事を任せるなあ、と恐ろしくなりました。

　サントリーからは毎月大きなお金が入ってくる。でもどんどん使って、サン・アドはあまり儲かっていなかったみたいでしたよ。

　開高さんも時々顔を出していました。開高さんは来るとき入口から大きな声を出すので、すぐわかります。そして、矢口さんか坂根さんとダべって帰るのだけど、まず出版社かどこかに電話かけて「はい、哀れな開高でございます」と決まり文句を言われるのが得意だった。「丞相病篤かりき、でございます」なんておっしゃり、「こんなこと言っても、わかってくれるのはここにおられる方ばかりや」なんてひとしきりこぼし、あとは釣りと食べものの話をして、気がすむとノシノシと肩をいからせて帰っていく。

――今考えるとすごい人材が在籍していたのですね。そこで具体的には、野上さんはどんなことをなさっていたのですか。

野上　万博映画『生命の水』では海外ロケが多く、カナダ、ニューヨーク、ブラジル、インドなど、各地にはそれぞれロケ隊が取材に行ったんだけど、私は富沢さんのグループについて行って、ニューヨークの雪とブラジルのカーニバルを撮ってきました。

ドキュメンタリーだからスタッフは四人くらい。俳優がいるわけじゃなし、ニューヨークでは雪が降ってくるのを一週間待っていたりして、「いやー、こんなロケもあるのか」と、楽しかったなあ。ブラジルのカーニバルでは撮影のためのヤグラの陣取り。酒も飲まずによくあんなに興奮できるものよ、と思ったけどね。あの踊りの群れの中に入って録音したり、面白かった。

でも、三月十四日の万博開幕の日に向け、ラストは徹夜が続くほど大変でした。オープニングの日はあの騒ぎでしょう。山田洋次さんの『家族』という映画に、あの感じがよく出ていましたね。フランソワ・トリュフォー監督が、サントリー館に来られましたが、事務所の窓から下を見て、「どこへも行きたくない」と言って帰られましたよ。

『どですかでん』撮影開始！

――今思うと「狂乱の季節」でしたね。野上さんは『トラ・トラ・トラ！』に関しては全然知らなかったのですか。

野上　ええ、さっき話したとおりで、あんなにヒドイことになっているとは全然知りませんでした。黒澤さんを心配する映画人ほか、有志の方々が一九六九年六月二十四日、「黒澤明よ映画を作れの会」というのを赤坂プリンスホテルで開催しました。川喜多和子なんかも多くの文化人たちに声をかけ、淀川長治さんが黒澤さんに質問するような形になりました。が、黒澤さんは疲れておいででしたねえ。

更に七月には、木下恵介、市川崑、小林正樹が、黒澤明と〝四騎《よんき》の会〟というのを結成しました。みな、黒澤さんが『トラ・トラ・トラ！』の打撃から立ち直ってほしい、という思いだった。『トラ・トラ・トラ！』の収拾に当たった松江陽一は、「一刻も早く、クロサワは正常である、と世界に証明しなければならない」と、次回作『どですかでん』に着手したそうです。

原作は山本周五郎の「季節のない街」、朝日新聞に連載されたものです。市川崑さんの話では、この企画にはみな、反対したそうです。「〝四騎の会〟の第一作目にしちゃ地味だ、もっと黒澤さんらしい派手な活劇のほうがいい」とね。でも、私は常に思うのですが、黒澤映画の主人公は常に黒澤さん自身です。〝電車バカ、電車バカ〟と石を投げつけられても走り続ける六ちゃん（頭師佳孝）は、〝映画バカ、映画バカ〟と変人扱いされた黒澤さんじゃないですか。

——どんなに反対されても、どうしても映画を撮りたいという思いが強かったんでしょうね。

野上　勿論そうだったでしょう。一九七〇年四月二十三日、堀江町ロケの初日、黒澤さんの第一声「ヨーイッ！」が響き渡りました。なにか、うるんだ声に聞こえた。スタッフはみな感動しました。「スタートッ！」という声に私も涙がこみ上げてきました。やっと正常の映画が撮れる、もう、それだけでいいんだよ、という黒澤さんの思いがわかるのです。やっと「ヨーイ、スタート！」を言えるようになった幸せをかみしめておられたと思いますよ。

黒澤さんは『トラ・トラ・トラ！』の悪い評判を挽回するかのように、予算は少なく、スケジュールは四十四日の予定だったのに、撮影日数二十八日という短縮ぶりで、助監督さんは準備に追われっぱなしでした。「やりゃあ出来るじゃないか」と会社側に言われたそうですが、これは初めてのカラー作品だったので、極端な色の使い方などで、天候の条件など無視したこともあります。曇りの日に、地面に建物の影を黒く吹きつけ晴天に変えたり、キャメラ前に透明ガラスを立てて、それに自ら筆で色をつけたり、楽しそうでしたよ。

六ちゃんの家の中の撮影のときは、まわりの壁一面に電車の絵を貼ったんですが、あれ、初めは黒澤さんが、全部ご自分で描いたのよ。すごいと思いましたね。画用紙をひと束抱えてセットへもって来た。でもそれを壁に貼ってみると、やっぱり子供の絵じゃない、って言うのね。「子供のつもりで描いても、やっぱりだめだなぁ」ってね。それだって徹夜で描いたというけど、大変な絵だった。そういやぁ、あの絵、どうしたろう。

結局、いくつかの小学校に頼んで、子供たちに電車の絵を描いてもらったのを使いました。

——撮影日数が短かったということは、リハーサルをみっちりしたんですね。

野上　ええ。最初に六ちゃんが空き地で架空の電車を整備する場面がありますね。もちろん頭師君は本物の電車でずいぶん稽古をした上、見えない電車を動かすまでのリハーサルをくり返しました。黒澤さんがスタッフ一人ひとりに「どう？　電車が見える？」と聞いていましたね。

頭師君は『赤ひげ』の長坊役で名演技を見せた子供ですが、いつも不思議に思うのね。こういう子供って、やっぱり演技と思ってやっているのかしら、ってね。乞食の父子の子役、川瀬裕之君だって七つくらいだったけど、親の付き添いもなく、一日じっとセットで出番を待ってた。不思議な子でした。

　ロケ地の堀江町は埋立地で、後からわかったんだけど、その時は知らないもので、六価クロムみたいな有害毒物が地面に色を滲み出させているのを、その色が面白いなんて言ってました。

　撮影が全部終わって引き上げるとき、黒澤さんが独りセットの中に佇んでいるんです。後で聞いたら、とても淋しかったんだそうです。「だってあの六ちゃんや島さん、たんば老人にも、もう会えないんだものね。演出家って、そう思うととても淋しくなるんだよ」とおっしゃっていました。

――『どですかでん』は万博後の作品で、野上さんがサン・アドに在籍していたときに撮影されたのですが、どういうお立場で参加されたのでしょうか。

野上　私はサン・アドから出向という形で参加しました。だから、終わったらまたサン・アドでCMの制作をやっていました。サントリー・ビールなんかね。

　サントリー〈純生〉の売り出しのときは東宝の佐藤允、大橋巨泉、丹波哲郎、加山雄三などに出演してもらいました。佐藤さんの〝若さだよ、山ちゃん〟が流行ったけど、これは制作の山崎昭彦の名前から来たもの。面白い男だったけど、このあいだ他界しました。

加山さんのときは主題歌も依頼しました。ただこのへんは私の個人的好みもあり、荒木一郎にも主題曲の作詞を頼みました。なんたって、「人民新聞」時代、アコガレの菊池章一の息子でもあったし、それに、彼の歌詞が好きだったしね。それで主題曲は加山のものか、荒木一郎か、ということでサントリーにも聞いてもらいました。荒木さんのもなかなかよくて、彼は自分のLPにも入れているくらい。でもまずいことに、荒木一郎はスキャンダルで捕まっちゃった。それもあって、加山雄三の出演、及び主題曲が決定しました。

その他、サン・アドにいたおかげで、CM制作で多くの方と仕事ができたのは幸せでした。横尾忠則、野坂昭如、渡辺貞夫、坂本龍一、桃井かおり、そして『デルス・ウザーラ』の後には黒澤明のサントリー・リザーブのCMも作らせてもらった。

自殺未遂から『デルス・ウザーラ』への道

——CMというサブカルチャーがまだ輝いていた時代、若かった時代、自由な時代、でしたね。

野上　今思うと、本当にいい人たちの集まったいい会社でしたが、私が『どですかでん』を終えて復帰した七一年十二月二十二日の昼下がりのことです。机の上に仕事の書類かなにかを広げて見ているところに、慌しく東条忠儀さん（サン・アドのトップ・ディレクター）が入って来て、私の背後から手に持っていた新聞を机の上におき、「ノンちゃん、大変なことになったよ」と言いました。そこには「黒澤明自殺未遂」の大きな文字があり、私はゾッとしました。その後の自分の行動は憶えていませんが、とにかく、山王病院だったか、駆けつけました。

病室には小泉堯史さんだったと思うけど、ひとり枕元にいた。黒澤さんは首や腕を包帯でグルグルに巻かれ、かすれた声で「ああ、ノンちゃんか」と言われたような気がします。私は病院へ行く前から、こういうときはメソメソしちゃいけない、元気に叱咤激励スタイルで行こうと思っていたので、いきなり「いやですよ！　もう、こんなことをなさっちゃ！」と叱るように言ったのですが、思わず落涙しました。そして持って行ったクリスマスの飾りを出して「もうクリスマスなんですから！」と見せると、黒澤さんは包帯だらけの腕をのばして小泉さんに、「これをあの壁に下げて、見えるところに……」と頼みました。

後は何も憶えていない。病院へうかがったのも、そのとき一度だけです。

――黒澤さんが本当に巨人だと思うのは、そんなことがあっても、また不死鳥のように映画監督として甦る、その精神力です。

野上　黒澤さんは、翌七二年に、東松原から恵比寿のマンションに引っ越されました

『デルス・ウザーラ』の撮影現場で、著者と黒澤監督

が、この引っ越しは再起への第一歩という感じがします。

その傷心の黒澤さんに手を差しのべたのは、またしても外国でしたね。七三年、モスフィルムは黒澤さんにソ連で映画を作ってもらえないか、とプロデューサーの松江陽一に持ちかける。全ソ連映画合作公団を相手に松江氏は製作協定に調印したんですが、『トラ・トラ・トラ!』の失敗をくり返さないよう、「演出、編集、その他創作上の決定はクロサワにのみ在り」と約束させたそうです。ただ外貨を持たない当時のソ連ですから、経済的には条件が悪かったんじゃないかと思いますよ。

でも、黒澤監督としては一歩も退けない、背水の陣でしたからね。日本側の同行スタッフだって、黒澤さんを含め六人しか認められなかった。七三年の七月九日、黒澤さんは松江プロデューサーとともにモスクワの映画祭に出席し、帰途、シベリアのロケハンまでして帰ってこられました。帰国後お会いしたら「ソ連のスタッフはみんな素敵だよ。チーフ助監督なんて、ノンちゃん、会ったらいっぺんに惚れちゃうよ」と冗談を言われるほど、胸躍らせている様子はまるで少年のようでした。このチーフのことは撮影に入ってから、ボロクソに言うようになったんですけどね。

十二月十一日、十三時アエロフロートで羽田発。私たちはいよいよ『デルス・ウザーラ』のため、モスクワへ出発しました。日本側スタッフは、黒澤監督、中井朝一カメラマン、松江プロデューサー、河崎保演出補、演出部野上、箕島紀男の計六人。アエロフロートの席は、黒澤さんも含めて全員がエコノミーだった。いま思うと信じられない。そのとき、黒澤さんは私の隣の席に体を小さくして腰かけ、『キネ旬』かなんか広げていた。隣の見も知らぬ若者が話しかけたのにも、返事をされていた。それほど、『デルス・ウザーラ』に懸ける決意は強いものがあったのだろうと、私は察しましたね。以下は『天気待ち』に書きましたので略します。

井伏先生の映画鑑賞会のことなど

――井伏先生と野上さんとのお付き合いが復活するのもサン・アド時代ですね。そこのところをお聞かせください。

野上　サン・アドに入った経緯は前にお話ししたとおり、川喜多和子の代役だったんだけど、当時の専務の矢口純さんは元『婦人画報』の編集長だったので、文壇、芸能界、銀座のバーなどに顔の広いダンディな紳士でした。談論風発、その人が来ると、とたんに席が陽気になる、そんな人でしたね。早稲田だったので、慶応の安岡章太郎さんと飲み会の終わりは大抵早慶戦。「若き血に燃ゆるもの〜」「都の西北早稲田の杜に〜」と声張り上げて歌っていました。

――文壇華やかなりし時代だったのですね。

野上　銀座にいわゆる文壇バーがたくさんあった時代です。その矢口さんが会社で電話をしていて急に、「あっ、いますよ、近くに。のんちゃーん」と私を呼ぶのね。電話の相手は向田邦子さんでした。そんな親しい間柄ではなかったんだけど、それが彼女の最後の言葉になってしまったので忘れられません。「今度、台湾から帰ったら一緒に飲みましょうよ」と言うのです。それから間もなく、あの飛行機事故です。

　矢口さんの電話でもうひとつ思い出すのは、井伏鱒二先生との再会のきっかけをつくってくれたこと。私が八雲書店のころの話を矢口さんにして、井伏先生が懐かしいなんて言ったら、早速、井伏先生に電話してくれたような気がする。ともかく、十七年ぶりぐらいに荻窪のお宅をお訪ねした。門も同じ、庭も同じ。先生も昔と同じように庭に面した文机に肘をついてのり出すように庭を見ていらした。

私は座敷に入って「お久しぶりです」と挨拶をすると、先生はいきなり「ほら、昨日からあの梅の枝に四十雀《しじゅうから》が来てるんだ。昨日と同じ時間に来て、ああしてじっとしているの」と言われる。普通なら「元気だった？」とか「どうしてたの？」など言われるものだけど、いかにも先生らしい。

――再会を果たしたあとのお付き合いはどのようなものだったのですか。

野上　その後、何度か荻窪へ伺う間に出版社の方たちと会いました。講談社の川島勝さん、新潮社の川嶋真仁郎さん、岩波剛さんたち。井伏先生は私を皆さんに紹介される時、いつも「僕はこの人が十六の頃から知っているんだ」と笑いながらおっしゃっていましたね。

その講談社の川島さんが一九八四年（昭和五十九）三月二十二、二十三日の清春《きよはる》芸術村三周年記念花見大会の旅に誘ってくれたのが、井伏先生旅行会への初参加でした。

この三周年記念は、昔の小学校が会場で広い校庭は桜の大木に囲まれ春爛漫。屋台の出店まであって大へんな賑わいでした。井伏先生はＶＩＰだから庭に面した仮設小屋で、同行の飯田龍太氏、安岡章太郎氏、三浦哲郎氏などとウイスキーを飲みながら談笑しておられる。谷川徹三先生もいらっしゃいましたね。

その後、安岡さんが、ギターを持ったさだまさしさんの腕をとるようにして引っ張ってきて「彼、なかなか面白いんだ」と皆に紹介。そこへシャンソン歌手、和田誠夫人の平野レミさんが飛び込みでシャンソンを歌い始める。見物人は集まるし、大へんな騒ぎになりました。こうなると安岡さんもじっとしていない。立ち上がって得意の〝セ・シ・ボン〟を身振りも伊達にやってくれました。みんなもう、アルコールも廻っているから「ようよう!」と拍手喝采。

元産経新聞の吉岡達夫さんがみんなのお弁当を運んでくれて、一緒に来たジャーナリスト風の人を井伏先生に「今、〝疑惑の銃弾〟を文春に書いている敏腕記者です」と紹介しました。そのころ、三浦和義事件が大へん話題になっていたでしょう。井伏先生はこういうのには意外と興味津々で、乗り出すようにして「あれはやっぱり、本当にやったんでしょうか」とお聞きになるのがおかしかった。

庭の中央には、清春芸術村館長吉井長三氏ご自慢の鉄の螺旋階段があるの。パリから運んだエッフェル塔の一部なんですって。安岡さんがその螺旋階段をてっぺんまで登って、三色旗の下で手を振ったので私たちはヤンヤ、ヤンヤと拍手しました。青色をバックに三色旗とチロル帽の安岡さんが手を振っている図は、いかにも幸せで、眼に焼きついていますね。

夜は甲府の定宿の常磐《ときわ》ホテルに一泊、と私の「井伏先生旅行会幹事日記」にあります。

——作家、編集者、芸能人など錚々たるメンバーですね。この旅行会はずっと継続していくんですね。

野上　この翌年から毎年、春は井伏先生と行く花見旅行を催し、私は新潮社の川嶋さん、講談社の川島さんと三人で幹事役をしていました。先生は本当にこの旅行を楽しみにしていらっしゃいました。またその打ち合わせと称して私たち幹事が荻窪のお宅に伺い、結局飲むことになるんだけど、これがまた楽しみだった様子。先生が電話で「打ち合わせしましょう」とか「承知しました」なんておっしゃる声はいつも弾んでいました。

　花見旅行の宿は、甲府の常磐ホテルと決まっていました。私たちは朝起きると、その素晴らしい広々とした庭の見える食堂で、早くもビールを飲みながら文学談義を始めたものです。

　一九八七年の春は安岡さんが入院して欠席、三浦哲郎さんは原稿が終わらないので朝食には間に合うように参加する、とのことでした。

　私たちは一応、三浦さんのお膳の用意をしてもらったものの、「どうせ間に合わないよ」と笑っていたのね。朝食が終わってもまだ心待ちにしてるものだからみんなグラスを持ったまま縁側で池の鯉を眺め、先生も椅子にかけてウィスキーの水割りを飲みながら「三浦君まだかねえ」と、大石内蔵助を待つみたいでした。

そこへ電話の報せ。私は食堂脇の電話に飛んで行って受けた。やはり三浦さんからで、電話の向うで恐縮しているのがよくわかる。私は電話のコードを伸ばして縁側の先生たちに向かい、「三浦さん、やっぱり来られないそうです。原稿がまだ終わらないそうです」と叫んだ。すると先生を囲んだ皆が何やらどっと爆笑し、矢口さんが私の方へ乗り出して「先生がね、代わりに書いてやろうか、って。三浦さんにそう言ってよ」と言う。皆はまたドッと笑った。私が電話でそう伝えると、三浦さんは益々恐縮していた。

私はその時の幸福な光景が忘れられない。朝陽が輝いて縁側の先生たちに斜めに射し込んでね、先生がまた何かおっしゃったんでしょう。皆が体をゆらして笑っていました。

もう、その先生も矢口さんもこの世になく、こんな幸せは二度とこないでしょうね。

——想像するだによき時代のよき風景ですね。

野上　先生はいい編集者に恵まれていました。早く亡くなった筑摩の瀬尾政記さん、井伏先生が書かれたものの全リストをひとりで調べて作ってました。亡くなる数日前、病院でそれを私に渡して、先生に上げてください、と言われたけど鬼気迫る執念を感じました。

新潮社の川嶋さんも惜しい人でした。三年前に亡くなりましたが先生の自選全集を刊行していた時のことを思い出します。飲みに行こうと、先生、川嶋さん、私がタクシーに乗っていた。後席に私と先生。先生の前席に川嶋さんでした。暗い車中で隣の先生が身を乗り出して前の川嶋さんへ何か頼んでいる。どうもその選集の何巻かに入っている作品を止めてほしい、ということらしい。既にやり直しの困難な状況にまで進行していたらしく、先生は「その費用は僕が出すから」とネバっておられる。川嶋さんは体を後ろへねじって「先生、何とかしますよ。大丈夫です」と答えた。その時先生は、余程安心されたのだろう、乗り出していた体をホッとしたように戻し「そうか……持つべきものは友達だな」とおっしゃったんです。川嶋さんはその後、大へんな苦労をしてやり直したらしいのね。いい編集者でした。

――野上さんと安岡章太郎先生とのお付き合いは、これも井伏先生のご紹介なんですか。

野上　というより、井伏先生の家には長いこと通っていたでしょ。先生のお宅にお邪魔していると、そこへいろんな人がくるから、紹介というか、そこで知り合った人が多いのです。安岡さんとも井伏先生のうちで知り合ったように思います。そのあと、例えば黒澤さんの映画が完成したとき、作品を見ていただきたいから、みんな呼びあってというか、誘いあって、井伏先生を引っ張り出すんです。まわりのお知り合いたちも一緒に来てくださるのは、井伏さんには終わったらみんなで飲もうという気持ちがあるからです。その世話を焼いたり、案内をやったりするのが私の役目でした。
フランス映画社の川喜多和子からもよく、井伏さんに見てもらいたいというので頼まれた。黒澤さんに見てほしいというものとか、井伏さんにもというのとか、いろいろあった。だいたい私は映画鑑賞会の世話役をやっていましたね。井伏さんの場合は、まるでそのあとの飲み会のほうが目的みたいなものでした。

――井伏先生と黒澤監督は、試写会でお会いになったことはありますか。

野上　ええ、ありましたよ。黒澤さんももちろん井伏さんを尊敬していますから、ちゃんと礼は尽くしますけど、井伏さんは黒澤さんに会っても、映画の話なんかしないの。「はあはあ、ハッハッハ」という感じです。
安岡さんだって、試写会の後のパーティに出席した黒澤さんを紹介しても、「いやいや、よかった、よかったですよ」くらいの話ですよ。黒澤さんも安岡さんの小説をあんまり読んでいないし。井伏さんの作品に関しては、私が一度、黒澤さんに『さざなみ軍記』をやってみませんかと本を渡したことがあるけど、あんまり乗らなかったなあ。黒澤さんは、ずいぶん長い間、『平家物語』をやりたいと言っていたから、興味をもたれるかと思ったんだけど。井伏先生の作品には、センチメンタルなものがないからかもしれない。

――安岡先生のものはちょっと細かすぎるというか。

野上　安岡先生の作品を、黒澤さんは読まれていないし、若い人のは読んでないです。黒澤さんの読書は、日本文学はだいたい漱石まで。井伏先生のもそんなに読んでいないと思います。それなりにいいとは思っていたのでしょうけど。『影武者』の試写に井伏さんをお誘いしたら、お孫さんが見たがっているとおっしゃり、喜んで来てくださいました。ただ、入口の人出があまりにものすごくて、お孫さんとはぐれてしまった。井伏先生が人込みのなか、入口にずっと立っておられて、もう困ってしまったことがあった。

でも井伏先生、映画はそんなに感心しておられなかった。黒澤さんが「井伏先生はなんとおっしゃってた？」なんて言うから、私は「いやあ、なんか別に、特に……」なんて。そうしたら黒澤さんもわかったらしくて、「ああ、そう」なんてね。

――井伏さん好みの映画とは思えないですね。

野上　孫に見せたくて人込みのなかで我慢していただけのようでした。それから『夢』のときだったか、みんなで試写にきてくれたというか、私が声を掛けてお呼びしたのだけど、井伏さんが安岡さんの隣に坐って見ていた。そうしたら安岡さんが「先生はお隣で見てらしたけど、よく寝ておられましたね。でも終わったときにちょうど目を覚まされるのが、なかなかいいところで」って……（笑）。

――安岡さんは映画を大へんお好きですね。

野上　あの方はよく見ていらして詳しいですよ。特にフランス映画、詳しいですよ。私なんか全然知らない映画も見ていらっしゃいます。昔、『朝日ジャーナル』で映画批評を連載されていらっしゃいましたね。

――どちらかというと、安岡先生の世代だとフランス映画とかイタリア映画がお好きでしょうね。

野上　フランス映画のああいう雰囲気は黒澤さんにはないもの。それは無理です。

――安岡先生は、日本映画もよく見ておられますね。

野上　ええ、山中貞雄の『街の入墨者』にものすごく感心したという話をされていたのをよく覚えています。安岡さんは映画の話は詳しいし得意で、いまでもよくご覧になっていますよ。最近はお年を召されましたから、なかなかスクリーンでというわけにはいかないようですけれど、ＤＶＤなんかを取り寄せてご覧になっておられるようです。

野坂昭如さんの思い出

――『デルス・ウザーラ』が終わって、野上さんはまたサン・アドに復帰なさるわけですね。野上さんの知られざるもうひとつの顔である、ＣＭディレクターとしてのお仕事について教えてください。

野上　『デルス・ウザーラ』は一九七五年八月二日、日本で公開されました。舞台挨拶に出た黒澤さんは、歩くのがやっとというくらい衰弱しきっていましたね。あの体力でよくこれだけ美しい映画が作れたものだと、改めて尊敬します。

帰国と同時に私もサン・アドへ復帰した。そして早速、黒澤さんのCMが企画に上がった。CMのいいところはギャラが高く、撮影が短いこと。サン・アドとしては、果たして引き受けてもらえるか、ということだった。契約金は一千万円。二年契約だったかな。黒澤さんはむしろ喜んでくれた。

その後も私によく言われたものですよ。「あのときのコマーシャルは助かったよ。ノンちゃんがサントリーの話を持ってきてくれなかったら、ホント、大へんだったよ。俺んとこ、スッカラカンだったんだから」と。〝世界の巨匠〟なんて言われても、日本の場合、これだから情けない。

サン・アドは六月には御殿場の黒澤さんの別荘で「サントリー・リザーブ黒澤」の第一作を撮影しました。

黒澤さんが坐っている大きな椅子は黒田辰秋の作です。「悪魔のように細心に、天使のように大胆に。それが私の心構えだ」のコピーも、ハイドンの選曲もすべて黒澤さんです。もちろんサン・アドのディレクターもついているんだけど、黒澤さん、大体、こういうのを作るのは得意なんです。他人にさわらせない。編集も東宝の編集室でやった。CMは八〇年の『影武者』のときまで続いたので、たしかに黒澤家の台所は助かったかもしれませんけどね。

――たしかソ連でも撮影していましたよね。

野上　ええ、一九七六年十一月十二日にモスクワ、レニングラードでのロケもやったなあ。ソ連でのCM撮影は、日本の企業としてはおそらく初めてでしょう。でもそれはそれ、クロサワの名と私のコネが利いて例外だらけで通してくれましたよ。レニングラードのホテルは素晴らしかった。ロシア文学で育った黒澤さんにはネヴァ河の雪景色は感慨一入《ひとしお》だったでしょう。

モスクワの地下鉄でも撮ったのですが、当時ソ連というのが暗い印象だったのか、サントリーさんは全部放映しなかった。贅沢なものですねえ。

個人的な話で恐縮ですが、私はこのCMのおかげで『デルス・ウザーラ』撮影中に惚れていた通訳のK氏に再会できて嬉しかった。彼も七八年には何者かに殺されてしまったから、この時が最後でした。撮影のころからKGBに監視されていて、スタッフもあまり日本人に接しないよう注意されていた、というのは、ずっと後、ソ連がロシアになってから聞いたことだけど、撮影の終わりの頃、どうも怪しい男が、急に黒澤さんの部屋の隣室に泊まるようになった。移動車を押したりする屈強な男でね、あんなスタッフが監督の隣室にいるのがおかしい、と後から言われました。

その怪しい男が、K氏の近くに引っ越して来たから、飲みに来い、なんて言われて、二人で行ったことがある。ソ連のやることだからと、こちらもカングリすぎかも知れませんがね。

でも『デルス・ウザーラ』のとき、K氏がいなかったら撮影はあんなに進まなかった。あの語学力と、なにより黒澤さんの意図を百人近いスタッフに迅速に伝える能力があったからこそです。

外国での仕事で最大の問題は言葉、意思の疎通です。黒澤さんも彼が必要だったのでクビにされなかったけど、酒は飲む、日本人には近づく、で危なかったと思う。スタッフでも途中でカットされてたからね。

足かけ三年もいますと、やっぱり女というのは愛情の捌け口がいるんですよ。男もそうかも知れないけど、女の方が生理的だからね。年齢をとるのもいいもんだ、と思うのは、その生理が無くなることね。そりゃ悲しむ人もいるんだろうけど、戦争が終わった時みたいな、この解放感。もう空襲はないんだ、という喜びはありましたね。それからは雑念に惑わされることもなく本も読めるし。

やっぱりそれまでは男にモテようという野心で本を読んだりしてたから、いい加減なものですよ。男だって女にモテるために努力しますよね。孔雀が綺麗な羽を拡げたり、鯨が吼えたり、みんな種族保存のため涙ぐましい努力をしているわけじゃないの。

それがエネルギーになって仕事をし、物を作る。

ただ人間、人に誉められたい、他の人間より自分は少しでも優れているという証が見たい、っていう始末の悪い欲がある。男は一人でも多くの女からモテたい。だから、女房以外に女が欲しくなるのはわかるな。みんな自分の値打ちを知りたいのよね。人間が動物と違っていいところは、そういう本能を抑制する精神力を持っているし、動物にない美しさというと友情でしょうかね。もっとも女同士の友情というのはまれです。

あら、話が横にそれてしまってゴメン。

――黒澤さん以外のCMではどんなことをおやりになったのですか？

野上　一九七六年は、サントリー・ゴールド新発売というので直木賞作家の野坂昭如さんにお願いしました。矢口さんが電話で交渉しているとき、私もそばにいました。「いいかい？　一本だよ、一本。違うよ、一千万円だよ。ハハハ、家が買えるか」といった調子でした。野坂さんの今の永福町の屋敷は、このCMで購入された物だと思います。

サントリー・ゴールドは、ウイスキーは売れなかったけど、CMの出来は素晴らしかったと今でも思っています。もちろん、私は交渉人の仕事だけで、コピーは仲畑貴志さんでした。作曲は桜井順さん。

〽ソ、ソ、ソクラテスか、プラトンか、ニ、ニ、ニーチェか、サルトルか、みーんな悩んで大きくなったァ……という有名なCMソング。仲畑さんの詞ではソ、ソ、ソと吃音ではなかったけれど、桜井さんが野坂口調を取り入れた。

これも贅沢なCMでしたよ。浅草国際劇場でSKDのダンサーに総出演してもらったんです。今ならCGで楽なんだけど、舞台がハネてからの深夜ロケですよ。野坂さんは一度あの舞台をせり上がりで上がってみたかった、なんておっしゃるので、やりましたよ。

SKDが八十人くらいだったかな、ほとんど裸で、頭の上に真っ白の羽毛を揺らせ絢爛豪華。舞台の下から上まで埋めているところへ、撮影前に私が野坂さんを舞台上へお招きして「みなさん、この方が作家の野坂昭如さんでーす」と紹介しました。美女たちに手を振られて、さすがの野坂さんも照れているようでしたが、いやー、やっぱり良い度胸だと思いましたよ、せり上がってくるときのカッコよさは。SKD嬢が前奏で足を跳ね上げ、〽ソ、ソ、ソクラテスか、プラトンか、と歌いながら踊る、そのど真ん中へ、シルクハットにステッキ抱えた野坂さんが、〽みーんな悩んで大きくなったァ、と歌いつつせり上がってくるんです。大した度胸ですよね。そういうことがお好きなんでしょうけど。

野坂さんでは、横尾忠則さんのイラストを合成した物もあったけれど、ボツ。贅沢

1976年、サン・アド時代の著者（撮影・小池汪）

ですねぇ。ただこのイラストは、マッカーサー、モンロー、ピカソ、その他有名人の肖像権で大ごとになる、という理由でした。でも横尾さんて素晴らしいなと思いましたね。

もうひとつのバージョンも好きだった。合成で、野坂さんが霞が関のビルに腰掛けて片手にグラスを持ち、「霞が関に腰下ろし、浜松町をテーブルに、アメリカ眺めて酒を飲む」と言い、飛んできたＵＦＯの円盤をフッと吹き飛ばすのですが、これも好きでしたね。野坂さんとはそのご縁でその後もお会いしました。一時、体調を崩しておられたようですが、今はもう、永六輔さんのラジオ番組に毎週手紙を送れるくらいよくなられたようですね。

自伝『蝦蟇の油』のころ

――黒澤さんの唯一の自伝『蝦蟇の油』と『影武者』についてお話しください。

野上　黒澤さんは一九七八年三月から九月まで、『週刊読売』に「蝦蟇の油――自伝のようなもの」を連載しています。はじめは編集長のＳさんから頼まれ、二、三度黒澤さんに打診したのですが、そのころは調布市入間町の一軒家へ転居されていたと思う。『乱』の企画が通らなくてそれならということで『影武者』に切り替えて東宝と交渉していました。本当は松江陽一がプロデューサーの予定だったのに彼は降りてしまい、結局、私が後を引き受けた形です。

まだどこからも資金が出ないころ、松江さんの工面したお金で、北海道のロケハンに行ったことがあります。黒澤さん、キャメラマンの宮川一夫さんと私の三人だけ。とにかくお金がないので、北海道のロケハンも『トラ・トラ・トラ！』で世話になった高千穂交易の方に車などお願いしました。ホテルにしても、苫小牧の小さな宿でした。朝、黒澤さんが起きてきて、「ここの風呂って坐んないと入れないんだよ、驚いたなぁ」って言うの。私にしてみればまあ普通なんだけど、黒澤さん、ホテルのバスしか知らなかったんでしょう。なんか、ラーメンばかり食べていた記憶があるなぁ。

忘れもしない、暮れも押し詰まった十二月二十八日、高千穂交易で打ち合わせをしていたら、ドライバーが私にすり寄ってきて「田宮さんが亡くなりました。ええ、田宮二郎さんです」と言う。私が田宮さんを知っているのをどうして知っているのかと思ったけど、たしかに私は知っていたのです。それは彼が救いを求めるようにたびたび私に電話をくれていたことがあったからなの。そのときより一年くらい前でしょうか、田宮さんが私に、週刊誌の切り抜きと英字新聞の切り抜きのようなものを送ってきたことがあります。彼は英語が堪能だったそうですから。

用件は「『将軍』という面白い話がある。これを黒澤さんが監督してくれるなら、ロンドンの制作会社が映画化すると言っている。黒澤さんに貴女から頼んでくれないか」、といった内容だったと思う。

それを黒澤さんに伝えると、「その話はずいぶん前に松江から聞いていたけど、断った」と言われるのです。しかも、何処かのパーティで松江から田宮二郎を紹介された、というので、そこまでやっているのならなにも私がでしゃばらなくても、と思っていました。ところがその後、田宮さんから何度も電話があって、「自分のほうからも資金の調達はできるから、金の心配はいらない」というような話でしたが、なにか声に切羽詰まったような、必死さが感じられたのが、こんな結果になったのでしょうね。

猟銃で自殺されたそうですが、よほど追いつめられてしまったのか。あの電話の声が耳に残っていて、役に立てなかったのはお気の毒だったと思うけど、黒澤さんが、「あんなもの、撮れないよ」とおっしゃったのだからしょうがない。

でも皮肉なことに、一九八〇年、三船さんが、米国パラマウント・テレビでこの『将軍』に主演して、大ヒットさせたんですよね。「ちょうどアメリカの俳優組合がゼネストに入っていて、役者がいなかったからだ」なんて陰口を言う人もいましたけどね。『影武者』の話ですけど、こちらは最終的に東宝が折れて、十億円の予算を十一億円にアップすることで出発進行、となったのです。

――『影武者』は勝新太郎の降板などさまざまなアクシデントがありましたが、この話はご著書『天気待ち』に詳しい。ここでは映画完成後の余話などありましたら、教えてください。

野上　一九八〇年四月三日の有楽座で開催された『影武者』ワールド・プレミアショーは、海外からウイリアム・ワイラー、フランシス・コッポラ、サム・ペキンパーなどを招待して華やかに開催されました。

続いて二十六日、初日の日、黒澤監督はじめ、仲代達矢、山崎努たちが有楽座の入口に並んでお客様をお迎えしたんです。これはいつもの習慣だったんだけど、宣伝部が急にザワザワし始めて、「勝新が来るらしい」「いや、そこまで来てる」と緊張した声が飛び交うじゃないの。仲代さんは出迎え役だから、この二人の対面を狙って報道陣、カメラマンが押し掛けるのは当然考えられることです。

「誰が勝新を呼んだんだ」「そりゃ、部長の林さんだろう」などとささやく声。私はここでモメたくないと思って、山崎さんに「どうする？」と言うと、仲代さんを一時隠そう、と言うのです。それで急いで仲代さんを呼んで事務所に入れ、「勝新が中に入るまでちょっと隠れていて」と頼みました。

仲代さんは納得いかない顔でしたが、後から避難解除の知らせが来るまで、事務所の机の前に坐っていたのです。そのとき、黒澤さんは持ち前の勘の良さで、勝さんが現れる前にスーッと姿を消し、劇場の中をひとまわりして戻ってきたそうです。仲代さんも出迎えに戻ったのですが、映画の済んだ後、私は仲代さんから叱られたのを憶えています。

彼が言うには、「僕は逃げる必要はないんだ。なんにも悪いことをしているわけじゃないもの。マスコミが騒いだっていいじゃないの、堂々と対決しますよ。今日は、いわば僕の花道なんだよ、隠れることはないんだ」と。それはたしかに正論でした。

私たちの気遣いで報道陣からは逃げられたけれど、仲代さんは勝さんと対面して勝負したかったんでしょう。勝さんは宣伝部の誘導で二階へ案内されて見たようです。試写後に、報道陣に囲まれた勝さんが「俺が演ってたら、もっと面白くなった」と感想を述べていましたね。たしかにそういう声もあったけど、それは実現不可能だったのよ。

ご存じのように、一九八〇年のカンヌ映画祭では『影武者』とボブ・フォッシーの『オール・ザット・ジャズ』の二作がグランプリを受賞しました。そして一九八一年はニューヨークからイタリアのソレントへ、一九八二年はカンヌとヴェネチアへ、授賞式の旅でした。

カンヌは、仲代さんと私、NHKのWさんも同行しましたが、黒澤さんは肩の荷を降ろした感じだったのでしょう、いつもご機嫌でした。自分でも「僕は、もうだめかと思うときでも、きっと時の氏神が現れて救ってくれる」と言われるように、幸運の星の下に生まれたのかもしれませんね。

第五章　映画『母べえ』の原風景

“父べえ”のこと

――この章では、映画『母《かあ》べえ』とも、その原作となった「父へのレクイエム」とも違った、野上家のルーツを明らかにしていきたいと思います。本籍はどちらですか。

野上　野上家の本籍は山口県豊浦郡菊川村でしたね。下関市街の北のほう。平成十七年の大合併で、今は下関市に編入されたらしい。

山口の野上家は大きな家だったらしいのだけれど、武士ではなかった。せいぜい庄屋とか、そんなものだったんじゃないでしょうか。父の歳は、明治三十四年（一九〇一）十一月三日生まれで、当時の天長節でしょ、しかも男子誕生と聞いて父の父、私の祖父は田圃の中を飛ぶように走って家に帰って来たそうです。

県立山口中学（旧制）を四年修了で出て、山口高校（旧制）を経て東京帝国大学独文科に進んだ。生田長江の弟子で、内田百閒先生の一年後輩です。大正十五年（一九二六）に卒業してすぐ日本大学予科教授に就任していますが、母の綾子（旧姓・村田）

とは遠い親戚で、大正十二年、父が二十一歳の時に結婚しています。学生の時ですね。大学の集合写真の中で、父が赤ん坊を抱いて写っているのがありましたよ。

——お父さんについての最初の記憶はどんなものですか。

野上　私が子供のころから不思議だったのは、父がいつも、出かける時と帰宅した時、亡くなった両親、孫四郎とひさの写真にお辞儀をするのね。まぁ、「行ってきます」「帰りました」という気持ちなんでしょうが、その二人の御真影のような写真がね、祖父のほうは笏《しゃく》を持った神主姿で祖母ひさは束髪で美人。子供心に偉い人かと思っていた。こっちもやや大きくなると、父へ向って生意気にも「唯物論者がどうして神様みたいな人を拝むのよ」なんて言ったものだけど、父は「神様じゃない、御先祖だ。御先祖に感謝しているんだ」と言っていました。明治の終わりから大正にかけての日本は立身出世、末は博士か大臣か、っていう時代でしょう。この祖父・孫四郎さんも、とに角、ひと旗揚げたかったらしい。

今、九十六歳の叔母に聞くと、その頃のことは実によく憶えている。昨日のことはまったく忘れていてもね。彼女の話はまるで成瀬巳喜男さんの映画を見るようです。

——お父さんの肉親ではその叔母さんだけがご存命なのですね。

野上　そうです。父・巌の下には貞子と恵美子の二人の妹がいて、今存命なのは下の恵美子叔母です。祖母がその写真のひささん。山口の小野田というところで、小さな家に母子三人で暮していた。祖父は野心家で、家を出たまま帰らず、巌は山口高校の寄宿舎生活だったんです。

そうこうするうちに、やっと祖父の居所がわかった、別府の金光教支部で幅をきかせているらしい、と。ひさは喘息持ちで体は弱るし、生活に困り果て、幼い女の子二人を連れて、夜逃げ同然で山口を出て、別府に向ったそうです。一月七日だった。寒くて、夜明けの明星を見たのが忘れられない、と言う叔母はその時六歳だったというから、九十年昔ですよ。

下関から船に乗り換えて、祖母ひさは喘息にあえぎながら幼い二人の娘を連れて別府の金光教支部をたずねて行くわけですが、どんなにか辛かっただろうと思います。叔母の話ではその時、母親がしゃぶっていた昆布の齧りかけ半分をもらったのが忘れられない、と言うのです。哀しいよねえ。

別府に転がり込めばなんとかなる、という望みだったんでしょう。金光教の離れのような家の二階を貸してもらった。父・孫四郎はその支部では顔がきいたらしい。でも、体の弱りきったひさは別府に着くや寝こんでしまい、その二階で亡くなったそうです。その枕元には幼い二姉妹と山口高校から駆けつけた兄・巌の三人が途方にくれて座っていたそうです。

二姉妹はその後、姉は食堂に働きに出され、妹の恵美子は小学校へ入るのを機に、森町というところにあった金光教の支部へ、孫四郎に連れて行かれました。そこには祖父が後妻にする女性がいて恵美子には継母になります。小学校に入ってても弁当を持たしてくれたことはなく、昼時間は校庭でひとりで遊んでいたそうです。

父・巌が東京の大学に入る時、遠い縁戚にあたる村田綾子と結婚すれば、村田家が学費を出してくれる、という約束があったそうです。この村田綾子がつまり私の母で、映画『母べえ』のモデルってわけですが、この〝母べえ〟も不幸な人で、同じくオヤジさんが再婚したために家では邪魔者だったんでしょうね。全くどっちを見ても、日本の悲惨小説そのものね。

――自然主義文学が流行ったわけですね。

野上　ただ私の父・巌、映画の中の〝父べえ〟が偉いと思うのは、大学生といやあまだ二十一、二くらいでしょう、それが継母のところに預けられている小学生の妹が可哀そうで、東京に呼び寄せるんですね。ちょうど私の姉、映画では〝初べえ〟が生まれたばかりだったので、その子守りを頼んで、その傍ら、中野の音楽学校に通わせたそうです。その恵美子叔母は美人だったので、後にはデパートのマネキンをしたり、苦労しましたが、今でも兄・巌に感謝しています。

〝父べえ〟は実の妹のことばかりでなく、後妻が産んだ義理の弟妹についても、両親亡き後、学校から就職まで全部面倒みていましたからねぇ。今の若者たちを見ている

検挙される少し前、1938年頃の野上巖・綾子夫妻

と、あの頃の人たちって、ほんと、偉かったなあと思います。

――野上さんが二人目の子供（次女）として生まれたのは昭和二年（一九二七）五月です。ただ、昭和元年は七日間しかありませんから、本当に野上さんはホッカホカの「昭和の子」なんですね。ところでその時、お父さんの巌さんは二十六歳。いくら日大予科教授であったとしても経済的に大へんだったでしょうね。

野上　私の出生地は戸籍簿によると、東京府豊多摩郡中野町となっています。もちろん記憶のかけらもありません。父が日大予科の先生だった時代は大森に住んでいたということですが、大人になってから大森、大森と聞くだけで、どの辺だったのか知りません。ただ、大きな家だったように憶えています。こっちが子供だから大きく見えたのかもしれないけど、庭なんか広くてね。だけど父はプロレタリア科学研究所や新興教育研究所に参加したりして、思想的によくないというので日大をクビになって、昭和六年五月に高円寺に古本屋を開いたんですよ。

――ほう、高円寺では古本屋をやっていたんですか。

野上　そう、最初はね。「大衆書房」って、自分で字を書いた赤い旗を立てていたのを憶えている。駅から杉並第四小学校へ行く途中の小さな店だったけど、いろんな人が来ていた。教え子の学生だとか、台湾人とか朝鮮人とか、よく来ていましたよ。食べ物の記憶では、台湾のリン・テンシンさんていう人からビーフンというものを初めて教えてもらった。そのころ、朝鮮人は迫害されていてまともな職にはつけないから、便所の汲み取りとか〝犬殺し〟と言われた野犬捕獲人をしてましたね。私は、捕まった犬が檻に入れられてリヤカーで運ばれていくのを見るたびに可哀そうで、大きくなったら金持ちになって、あの犬たちを買い戻すんだって、本気で考えたものですよ。

ところがその年の十月十一日、新興教育研究所総会で、父がペンネームの新島繁で開会宣言、と同時に中止、解散させられ、槙本楠郎、田部久らと一緒に父は検束された、と秋田雨雀の日記にあるそうです。それでもう、古本屋は閉店して、映画『母べえ』の舞台となった高円寺の家、六丁目七二三番地へ引っ越したんだと思う。

——お父さんは共産主義者だったんですか。

野上　いえ、まだその頃は違う。唯物論研究会創立記念講演会（於・日比谷美松屋）を出たところで検挙されています。創立当時からメンバーでしたが、昭和九年に戸坂潤の「唯物論研究会」の機関紙に寄稿を始めました。その唯研の集まりがあるたびに挙げられるわけです。戸坂さんや三木清は獄中死しましたね。私は子供だったからさっぱりわからなかったけど、父は昭和十二年に新島繁のペンネームで『社会運動思想史』という著作を出しています。

——古本屋をやめたのは昭和六年の十月と考えてよろしいわけですね？

野上　ええ。だから、半年しかもたなかったんですね。お店は通りに面していて、そこで父親は外国からの通信とかをとって売っていた。その店は昔の家だから、表はお店で古本屋だけど、長屋みたいなところだった記憶があります。屋根の上には物干場があってね、豊田四郎監督の『泣蟲小僧』に出てくるじゃない。あの頃の家って、あだったのよ。昭和八年の二月に小林多喜二が殺されたでしょ。その年のメーデーで、父はまた検挙されている。十一月には釈放になったけどね。とにかくしょっちゅう留置所を出たり入ったりしていた。起訴されて拘置所に入ったのは昭和十五年で、そのへんのことが『母べえ』の背景になっています。

――その頃のお父さんの交友関係とか、陰で支えていた人とかを教えてください。

野上　山口高校時代の三羽烏みたいな友達がいて、ひとりは同志社大学の先生の篠田一人さん。篠田さんは父が死ぬまで本当の親友で、ずい分面倒をみてくれました。もうひとりは教育学者の矢川徳光さん。矢川さんは野上の家族写真をたくさん撮ってくれました。

――その方が二〇〇二年五月に亡くなられた矢川澄子（詩人・翻訳家。元・澁澤龍彦夫人）さんのお父さんですね。

野上　そう。みんなそれぞれの道でしたけど、私の父がいちばん貧乏だったな。

――野上さんが三歳年下の矢川澄子さんと一緒に写真に写っていらっしゃいますけど、矢川さんの家とは近かったのですか。

1938年頃の後列・野上姉妹、初恵と照代(左)。前列は矢川姉妹で右端が澄子

野上　いや、近くじゃない。郡淳一郎さんが作られた澄子さんの年譜によれば、当時の矢川家は世田谷区新町にあってわりと離れていたけど、親しかったからうちからも出かけて行ったし、お互いしょっちゅう遊びに行き来していた。徳光さんのキャメラはライカだったと思う。とにかくすごくいいキャメラを持ってらした。あの写真は私にとっても貴重なものです。これがないと、その頃のことは具体的にわからない。それにものすごくうまいですね。

　実はこの写真、今度の映画製作の資料として、ずいぶん役立ちました。私ら子供たちが木の下で遊んでいるのがありますが、これなんか、ほんとにあの頃を思い出させてくれる。玄関の前でお絵描きをやっている澄子さん、面影があるでしょ。

――古本屋をやめたあとの野上家の家計的やりくりは、どんなものだったのでしょう。

野上　〝母べえ〟が小学校の先生をして支えていました。それと、前に話したように、父には貞子と恵美子という二人の妹、私にとっての叔母がいて、上の叔母の貞子のことを、私たちはバビちゃんと言っていたの。私が子供のときにおばちゃんと言えなくて、バビちゃんと言っていたからバビちゃんになっているんだけど。その人が区役所に勤めながら一緒に暮らしていた。それから、いま九十六歳で存命の下の妹、恵美子叔母さんは、結婚したからお金は入れていなかったかもしれないけど、あの頃の左翼シンパの女性がよくやっていたマネキンとかモデル、そういう職業で稼いでいた。みんなで稼いで、細々となんとかやっていたんです。

――実家からの仕送りとか、そういうのはなかったんですか。

野上　あるはずがないですよ。あとは父の友達がカンパしてくれていたようです。いつだったか、母のいないとき、父の友人らしい人が来て、「お母さんに渡して」と、封筒を私に預けて帰っていった。後でお金だったとわかったのね。

――左翼的な連帯意識があったんですね。

野上　みんな助け合ってましたよ。高円寺、天沼近辺には左翼っぽいのがわりと多かったですね。だって、劇団員なんかみんなそうだもの。壺井重治さんもいたし、新演劇協会の人も。特に杉並は多かったのかもわからないわね。

――結局、お父さんは転向宣言されたのですね。

野上　ええ、転向に署名したために昭和十五年の十二月、拘置所から保釈で出されたのだと思う。これを言うと、「父へのレクイエム」や映画と違うから皆さんをガッカリさせて申し訳ないけど、映画と原作ラストはフィクションです。勿論、応募原稿は、あらかじめお断りしたものです。

原作になった家族と拘置所との手紙の往復にあるように、子供たちは事情を知らないから、帰ってこい帰ってこい、帰ってくるのを待っています、ばっかりでしょう。私は、父の志をくじいてしまったことを申し訳なく思うのね、今は。

――でも転向しなかったら小林多喜二のように殺された可能性だってあった。

野上　確かにそうですね。それで父は保釈後すぐドイツ大使館に翻訳嘱託で雇われて、母親によれば、その頃が「経済的にいちばん恵まれていた」ということです。短い間でしたけど、野上家が経済的によかったのは、そのあたりから終戦直後までですね。

ドイツ大使館に勤めてから父は、家へ帰っても翻訳の仕事をしていた。その時、私たちには言わなかったけど、母親には「ドイツじゃひどいことになっている」なんて言っていました。

――ひどいことというのは、ドイツが負けはじめているということですか。

野上　そうでしょう。ドイツ軍はスターリングラードで包囲されて壊滅状態だったし、アウシュビッツのホロコーストなんかの情報が大使館には伝わってきていたのでしょう、きっと。

昭和とともに始まった人生

――お母さんの綾子さんと巌さんはどういういきさつで結婚なさったのですか。

野上　私の母、村田綾子は明治三十六年（一九〇三）山口市の警察署長の家に生まれました。金持ちだったんでしょう、私も後に何回かその家に行ったことがあるけど、広い庭の飛び石のふちを松葉ボタンが色とりどりに咲いていた。署長の村田広一さんは娘の綾子が生まれた後、離婚するのね。そして、再婚。腹ちがいの兄妹が出来る。綾子は女学校へは入れてもらったけど親戚に預けられたこともあったらしいのね。

一方、遠い親戚、血縁ではなかったが野上巌は山口高校を卒業し、志を抱いて上京、帝国大学に入ります。この時は一文無しのようなもので、山口の育英資金の借金で大学へ入ったのが、大正十一年（一九二二）。そして、翌十二年三月に村田綾子と結婚してる。彼が自伝みたいにノートに書いたものを見ると、この時、村田家から大学の学費を出してくれる約束と共に結婚したようです。ソヴィエト社会主義連邦が成立し、日本じゃへ俺は河原の枯れススキ〜が大流行した年。なにか時代を感じさせますよね。

――大正デカダンスと、昭和を目前にした進取の気運のようなものが感じられますね。

野上　私が今度、幸運にも『母べえ』という映画を作ってもらったことに、ものすごく感謝しているんだけど、そのひとつには、そのおかげで父・巌について改めて認識したこと。この映画の話がなかったら、父の古いノートなんか引っ張り出したり、年表を調べたりしなかったかも。全部じゃないけど、父の手垢でボロボロになった大学ノートを三十冊くらい、私の手許に持ち帰りました。そこにはひとりの青年の苦悩に満ちた呻きがぎっしり詰まっていた。それは父親というのでなく、ひとりの男なんです。貧しさに耐え、社会の矛盾と戦い、家族を養わなきゃならない。さらに彼を苦しめたのは、どうにもならない恋だったんですね。

――「恋」というのは、綾子さんと結婚する前のことですか。

野上　そうです。山口から別府へ行く汽車の中で美しい姉妹と合席になった。昔の汽車というのはロマンチックだったのよね。彼はその姉に心を奪われるのですが、彼女は人妻だったんですね。悶々とした彼は、その後、彼女たちの降りた町をあてもなく捜し歩く。汽車のなかで彼女が肩にかけていた紫色のショールを唯一の手がかりにしてね。それでも何かの手がかりから、再会を果たしたらしい。しかし人妻と結婚は出来ない。ここからはまるで小説のようなのですが、妹の方が父・巌を愛してしまった。

傷心の彼は失恋の悲しみを振り切って東京に戻り、結婚し、社会主義運動へ身を投じるわけです。

同時に失恋した妹のとみ子さんも結婚し、満州へ渡ったんですね。開拓団でしょう。全く運命に翻弄される小説みたいでしょう。

その頃のノートにこんな失恋の詩があります。二十一歳の青春の悩みが哀しいですね。

「月まどかなれば、すなわち憶う。そは幾度か、君を送りて、露ふかき、かの原に佇みし時……」

野上巌と村田綾子が結婚したその年、九月一日にあの関東大震災ですよ。そして朝鮮人虐殺、大杉栄・伊藤野枝謀殺と日本は右傾化し、それに対抗して社会主義運動も高まるんですね。

昭和二年五月には、次女の私、映画の中の〝照べえ〟が生まれますが、思想犯の父に職はなく、翻訳の下請けを廻してもらうのがやっとです。昭和四年、雑誌『尖兵旗』に訳詩を出した時、初めてペンネーム〝新島繁〟を使っています。後で父から聞くとニーチェとマルクスとジーゲル（独）を合せたものだそうです。私にはよくわからなかった。

――野上さんの人生は昭和とともに始まったわけですね。

著者十歳の頃、高円寺の自宅にて、姉・初恵と

野上　私は「昭和っ子」と、その頃よく言われましたよ。歌でも、〽昭和、昭和、昭和の子供よ僕たちは〜、ってよく歌わされたものです。

小学校は杉並第四だったけど、二年生の頃だったかな、学芸会で私は雲雀《ひばり》のお母さん役をもらったけど、これには白い靴下が要るのね。お金がないから買うのも大変だったんだけど、バビちゃん（上の叔母）が洋品店へ行って買ってくれた。嬉しかった。雲雀のお母さんはいい役で、子供雲雀たちに、人間に騙されちゃいけないよ、と歌うのね。

〽この母さんが帰るまで、待っておいでよピーチクチ〜、と羽根を振って歌いながら舞台下手へひっこむところ、よく憶えているなぁ。

学校で家庭の調書みたいなのを書かされるんだけど、父の職業はいつも「著述業」。こんな難しい字、よく覚えたものです。そして、父が拘置所に入っているときなんかは、「病気のため田舎で静養中」と決まっていました。

その後はお話ししたように、父は昭和十五年十二月に転向して保釈出所。翌十六年にはドイツ大使館の嘱託になっています。太平洋戦争が始まるのは、その年の十二月八日ですからね。

薄倖なる〝母べえ〟と両親との死別

――戦後の野上家はどんなふうだったのですか。

野上　戦争中、私と姉が山口へ疎開している間に高円寺の家は空襲で全焼しました。父母も叔母たちも無事だったんだけど、再会の喜びとか感動の記憶は全くないのが不思議です。こんなことは当時、普通のことだったんでしょうね。

戦後の家は天沼三丁目八〇三番地。最寄りの駅は阿佐ヶ谷で、歩いて二十分近くあった。戦後、母と農家から分けてもらった闇のさつま芋を入れたリュックサックを背負ってその道をフーフー言いながら歩いたものです。その頃は、焼け残った家に疎開から戻ってきた人たちが住むため、どこも一軒の中に二、三世帯が赤の他人同士なのに同居するのは普通でした。台所、トイレも共同。よくあんな生活に我慢したものね。

――戦後、お父さんはどうされたのですか。

野上　終戦後すぐ、日本共産党に入党しているのね。残された資料（神戸大学「近代」発行会刊『近代』新島繁追悼特集号。一九五八年十二月）によれば、日共系の組合事務局で活動したり、『新日本文学』『人民文学』『近代文學』『文学』『人権民報』『教育』『教育評論』『政界往来』『自由評論』とかの雑誌や書評新聞などに、あまりお金にならない翻訳とか、評論とかを書いていました。ただ、昭和十二年に三笠書房から出た著作『社会主義思想史』は、二十年後に新日本出版社というところから出て、三版まで重ねています。でも大して収入にはならない。その頃は私が東宝で稼ぐ額のほうが多かったくらい。家では私のことを〝若旦那〟なんて呼んで笑ったものですよ。

――お母さんが倒れたのはこの頃ですか。

野上　母が結核にかかったのは、私が京都で岳彦（後の伊丹十三）の面倒をみながら大映で働いている頃です。長年の無理が祟ったのだと思います。当時、結核といえば不治の病とされていたけれど、病院に入ることも、高い薬を買うお金もなく、ただ父の教え子で診療所に勤めている人が時々ビタミン注射をしに来てくれるだけ。勿論、同居の隣人は引っ越していきました。

私はその頃、『七人の侍』に忙しく、看病はもっぱら姉がやってくれていましたが、母は私が帰宅して映画の話などするのが楽しみだったようです。亡くなる少し前、病床の母が、「私が死んだ時、お客が来ても座ぶとんが足りないね」と言うのです。

もう危篤状態の時、近所の医者が酸素吸入をしてくれましたが、昭和二十九年一月二十四日夜中、私たちが眠っている間に母は死んでしまいました。「母べえが死んでる」と父に叩き起こされたのです。父が「綾子、綾子」と体を揺すっても、口がガクガク動くだけでした。寒い夜だった。

でも葬式なんて出せないし、焼き場から持って帰った骨壺を白布をかけたみかん箱の上にのせて、お線香をあげるぐらいでした。夜になって、野間宏さんが来てくれたのを憶えています。

それから一年後の昭和三十年、父はどういう運動をしたのか、神戸大学の講師に招かれるんですね。向うには友人もいたんですが。しかも、私と姉を呼んで、実はこの人と再婚するつもりだがどうだろう、と写真を見せられたのです。

――どんな感じの女性でしたか。

野上　母べえとは全く違ってモダンな洋風の美人だった。それが、あの父が失恋した姉妹の妹の方だったのね。とみ子さんといって、夫とともに満州に行って終戦を迎えた。夫と生き別れ、ひとり娘を連れて帰る引揚船の中で娘は死んでしまう。日本に帰ってもすでに姉もなく、伊丹市の知り合いを頼ってひとりで露天商をやって生活していた。そして昔好きだった野上巌の消息を役場に聞いたりして突き止めるのね。病妻を抱えて細々と民主化運動に身を挺していた野上巌のところへ、ある日、昔の青春を呼び戻すような手紙が届くわけよ。

――とみ子さんの執念も相当なものですね。

野上　父も苦しんだと思いますよ。もし、病妻がこれを知ったらショックだろうと。父はときどき地方講演など頼まれるのですが、どうもそんな機会に、彼女と会っていたらしいのね。

看病していた姉が言うのに、母べえが「父べえには女の人がいるね」と言うから、どうして、と聞くと「旅行から帰った時、Yシャツがあんなに綺麗にたたんであるなんて、あれは自分でやったんじゃない」て言うんだって。やっぱり女の観察は恐ろしい。

これもずっと後に聞いたのですが、父は伊丹の彼女からの手紙の宛先は四谷にいた恵美子叔母の家に指定し、四谷の家に受け取りに行っていたらしい。

叔母は父の死後もよくその話をして泣くんです。「だって私、父べえの気持ちもわかるけど、母べえが可哀そうで、なんだか母べえにすまなくて」と。父は何日かおきに、手紙は来ていないか、と四谷に顔を出したそうです。金もないのに、今川焼かなんか手土産に下げてくるんですって。それがまた、父べえも可哀そうで、と叔母は泣くのね。上の叔母のバビちゃんはがんで亡くなったし、父はこの恵美子叔母を頼りにしていたから。

――野上さんも心中複雑だったでしょうね。

野上　まあ、それで母べえの死後一年も過ぎ、父は神戸大学に就職できたし、晴れて昔の女性と再婚も果たしたわけです。私も続いて結婚したたし、父は幸せだったんじゃないでしょうか。

しかし、人生はわからないものです。母べえが亡くなって三年足らずだというのに、父は肝臓がんで死にました。親友の篠田一人先生から、父の深刻な状態を速達で知らされ、私は撮影中だったけど、飛行機で飛んで行きました。勿論、叔母や姉たちも駆けつけたんですが、もうあと何日か、ということだった。私はそのとき初めて伊丹の女、とみ子さんと会った。義理の母に当るのですが、〝お母さん〟と言う気になれず、〝おとみさん〟と呼んでいました。

父は私が来たことを喜んでくれたけど、一方、それほどもう自分の死は近いのか、と思ったんでしょう。「シューベルトの『冬の旅』が聴きたい」と言ったり、私が顔をのぞきこむとちょっと笑って「母べえの弁当はうまかったなぁ」と言うのね。留置場で差し入れの弁当を食べたことを思い出していたんでしょう。そりゃあ、とみ子さんのオートミールの朝食とは違うんでしょう。「母べえは料理がうまかったなあ」と言うのです。私は、仕事があるからと、一泊しただけで帰りました。

今は、最後まで傍にいてあげたほうがよかったのかなあ、と思うけど、父べぇの死ぬところなんて見たくなかったものね。

父は享年五十六。今の私は父の齢を遥かに越えている。今だったら、父べぇと友だちのようにお酒でも飲みながら話ができるのに、と思うのね。お互い、話したいことがいっぱいあると思うの。

この間のお彼岸に、久しぶりだったけど、ひとりで多磨霊園へ両親のお墓参りをしました。『母べえ』の映画のチラシと缶ビールを置いて、「こんな映画ができましたよ、ありがとう」と報告して来ました。

聞き手　植草信和（映画評論家）
照井康夫（文藝春秋）

第Ⅱ部　エッセイ集

落葉の掃き寄せ

あばよ、
ウッフッフッ

三鷹町下連雀

三鷹町下連雀という名前は、私に、心のひと隅を針の先でちょっと突つく程度の痛みを感じさせる。

そこは、麦畑が見渡す限り拡がり、穂先をゆらせて風がわたる。雲雀《ひばり》が囀《さえず》り続けている。

昭和二十二年、二十歳の私は、太宰治の家へ向って麦畑の中を、緊張して歩いていた。親にも言わず、決心して家を出た。勿論、初めての訪問である。

着るものなどろくにない頃だったが、それでも木綿の絣に黄色い帯を締めた。なんとなく、素朴という印象を与えるのではないか、と智恵をしぼったのだ。

何日も前から、私は太宰さんが喜んでくれるような贈り物はないか、と考えに考え、結局、有り布を使って東北の女の子の人形を作った。これも、素朴、津軽、という発想で、要するに、何とか太宰さんの関心を得たい、という下心によるものだ。

その頃、太宰さんが発表した『トカトントン』や『ヴィヨンの妻』の載った雑誌の活字は、今でも鮮かに思い出すことが出来る。

私は『お伽草紙』『津軽』が好きだった。

太宰さんの家の外観はあまり記憶にないが、玄関を開けた時の印象は強く、鮮明に覚えている。

昔の家は大抵そうなっていたが、太宰さんの家も玄関口に三帖間位の小部屋があり、靴ぬぎと上り縁がついている。障子は左側へ片寄せてあった。

「ごめん下さい」と覗くようにして声をかけた。

「はい」思いがけなく近くの声に驚いた。

障子の陰から、後へ体をのけぞらせて、頭だけ見せたのは他ならぬ太宰治だった。

障子の裏側で机に向って原稿を書いていたらしい。

太宰さんは私と一瞬顔を見合わせたが、そういったファンが終始訪ねてくるのだろう、黙って体を前に戻し障子の陰に入ってしまった。

あとは障子ごしに声のやりとりだけで、教会で懺悔をしているようなものだ。私は何を話したか全く憶えていない。敷居の上に手製の人形をそっと置いた。もう一度位、顔を出してくれるかと思ったが、とうとう見せなかった。「はあ」とか「はい」とかいう声は聞いたような気がする。

私が「では失礼します」と言うと、障子の向うで太宰さんは「はい」と言った。

私は張り合いが抜けたような、木戸を突かれたような、空しい気持で麦畑の中を帰った。雲雀がうるさいほど囀り続け、私を嗤《わら》っているような気がした。

その頃、新興出版社は続々と名乗りをあげ、編集員を募集していた。私は八雲書店という文芸出版社に入社した。昭和二十二年の春である。

『八雲』という月刊雑誌を創刊するための増員だった。私は入社後知ったのだが、同時に『太宰治全集』刊行の企画が進んでおり、太宰治の後輩に当る、作家の戸石泰一が編集員に招かれた。

戸石さんは背が高く、飄々としたタイプで、東北弁の冗談を言っては、よくみんなを笑わせていた。

彼は当時活躍中の作家達とも交流があり、時々、私をそういう作家のところへ連れていって紹介してくれた。

阿川弘之を訪ねたこともある。

四谷あたりだったと思うが、見渡す限り、赤銅色の焼跡の中に、埋もれたような防空壕を改造した小屋だった。戸石さんが表から「阿川、阿川」と呼ぶと、這い出てくるようにして阿川さんが現れ、二人で立ち話をしていた光景をなつかしく思い出す。

戸石さんは、よく太宰さんの話もして「今度、一緒に行ってみねえか」と誘ってくれたが、私はあの日のことを思うと恥かしくて、戸石さんにも言えず、遠慮した。

勿論、太宰さんが私のことなど憶えている筈はないのに、その頃の私は、会うと思い出されるような気がしていたのである。

井伏鱒二先生とお会いしたのもその頃のことだった。編集者というよりもお使いで、荻窪の先生のお宅へ原稿を頂きに行ったのが初めである。それからは阿佐ヶ谷辺りの飲み屋とか新宿のハモニカ横丁まで先生方の後からついて行った時もあった。さぞ生意気な女で御迷惑なことだったろう。

その頃のハモニカ横丁は名前の通りマッチ箱の様な飲み屋が、ベニヤ板一枚を境に犇《ひしめ》いて活気に充ち溢れていた。

『八雲』という雑誌は、当時の大衆情報誌を狙って創刊され、風俗ルポルタージュも連載していたので、平林たい子さんにハモニカ横丁を取材していただいた事もあった。

夕方の横丁はどこの飲み屋も支度に忙しくあちこちから火をおこす煙が漂い、早くも集まってくる客達の笑声が弾んでいた。平林さんは人混みを縫うように歩き乍ら左右の店を見て、「ね！　存在するものはすべて必然的なのよ、あなた判る？」とついて来る私をふり返って怒鳴る様に言う。真理はかくの如し、という確信に満ちていた。

井伏先生はこの横丁の〝道草〟という店の常連だった。ここは混んでくると客同士が体を押しつけて身動きも出来なかった。先生の表現を借りると、後のベニヤ板によりかかって背中をどんどんとやると隣の店の客が押し返したものだと言う有様だった。私は作家達のあとについてそういう飲み屋を廻るのが、一人前の編集者になった様で嬉しくてたまらなかった。

また、私は阿佐ヶ谷に住んでいたので、勤めの帰りなど駅近くの飲み屋をのぞくと、そこではもう、中央沿線作家と云われる連中が文学論をはじめていた。

南口に一軒、作家達が集まる飲み屋があって、井伏先生や青柳瑞穂さんをよくお見かけした。

井伏先生が「青柳は僕の小説をひとつも読んでいないんだ」と言いつける様に訴え、青柳さんはカウンターに肘をついて、聞こえない振りでにやにやしている。いつもの癖で下顎をねじる様に左右に動かし乍ら笑っていらした青柳さんの顔がなつかしい。

その頃の先生は陽気で楽しそうだった。まだバラックの店が点在しているだけの阿佐ヶ谷界隈の道を、青柳さんと何か笑い乍ら飲み屋から飲み屋へ移動して行かれる姿を思い出す。先生は着物の裾を足先で蹴上げる様な、子供がはしゃいでいる時のような歩き方をしていらした。

あの頃は誰もが気分が高揚していたからか、作家同士の往き来も繁く、夜は大抵そういう飲み屋に集まっては遅くまで小説の話ばかりしていたものだ。

井伏先生のお宅にも編集者ばかりでなく、上林暁さんや亀井勝一郎さん方が見えている時がよくあった。ある時、井伏先生が当時話題になっていた小説について、周りの作家に珍らしく熱弁をふるっているのを傍で聞いていた事がある。何という小説だったか忘れてしまったが、先生は、その小説の描写通りに作中の家の構造を考えると矛盾があって成り立たない、と言われているのだった。

　この廊下を真直行くとこっち側の窓から日が射すというんだ。それなのに右へ曲った向う側の部屋の窓から太陽が見えているのはおかしい、といった描写の曖昧さについて、空に手で方角を示し乍ら話していらしたのが強く印象に残っている。


　昭和二十三年六月、太宰治さんが玉川上水で亡くなった。山崎富栄との入水心中だった。八雲書店では『太宰治全集』十八巻の刊行が始ったばかりだったので、社内は異様な興奮状態だったのを憶えている。

　それから何ヶ月か経った夏の夜、私は井伏先生と阿佐ヶ谷の飲み屋で太宰さんについて話しながら飲んだことを、かすかに聞える遠い人声の様に漠然と思い出すことが出来る。

　その店は阿佐ヶ谷駅の北口で、北口とも言い切れない程、駅の階段の真下にあった。その故か斜めに頭につかえる様な天井で、電車が通る度に店中が振動して話も出来ない位だった。三畳敷程の店の一隅にやっと俎《まないた》が使える位の流しがあった。おでこの広

い白粉気のない女将《おかみ》さんは髪をひっつめに後に結《ゆわ》き、ハスキーな声で遠慮のない喋り方をする人だった。まだ一歳くらいの男の子が這いずり廻り、先生の方へ行くのを、女将が摑んで引き戻していた。
その夜、先生は白っぽい浴衣で背中を後のベニヤ板にもたせ、団扇をゆっくり使っていた。暗い顔で一点をみつめたまま溜息をつくようにこんなことを言われた。
「雨の中を編集者が来て、太宰さんの遺体がやっと見つかりましたって言った。その編集者の濡れた体からドブの匂いがした……」
太宰さんは山崎富栄と家を出たのが六月十五日、玉川上水の土手にビールの小瓶のような遺品は見つかったが遺体はなかなか見つからなかったのである。

「土手をすべり落ちる時、ふんばった太宰の下駄の跡が二本のこっていたそうだ」と、先生はまた溜息をつき「太宰は、死にたくなかったんじゃないか……」と言われた。

私は、かつて三鷹下連雀へ太宰さんを訪ねた時の思い出を拡大し、感傷的になって泣き出した。先生は憮然とした顔で酒を飲み、

「あんたも太宰に惚れてたんだろう」と言った。

私は何年か前、太宰さんの家を訪ねたことを先生に打明けることが出来ず、泣きながら先生の胡座《あぐら》をかいていらした膝にうつ伏した。その時の先生の膝の固さを憶えている。

その後、井伏先生は太宰治について、
「書くために生きると太宰君は断言したことがある。小説は、どんなにいい小説でも百点満点といふことはあり得ない。それなのに、小説のために生きるといふ人間が自殺するとは生意気である。」（「おしい人（太宰君のこと）」／『新文學』昭23・8）
と書いている。

（初出・『家庭画報』二〇〇〇年九月号を大幅加筆改稿）

「下戸の酒」

〝伊丹万作を偲ぶ会〟が東京であった時、私は初めて映画監督佐伯清さんに会った。佐伯さんは皆から「佐伯兄《にい》ちゃん」とか「兄《あん》ちゃん」と呼ばれていた。色の黒い小柄な人で「ほうよ、ほうよ（そうだ、そうだ）」と相槌をうっている佐伯さんは兄《に》ちゃんというより漁師の小父さんのように見えた。

「兄《にい》ちゃん」と呼び始めたのは伊丹さんの愛息岳彦（後の伊丹十三）によるものである。

佐伯さんは、松山中学の修学旅行で京都へ行った時、学校の先生の紹介状を持って、松山中学の先輩である伊丹万作の撮影を見学に行った。それが映画の道へ踏み込む動機になったというから不思議なものである。

中学を卒業した佐伯さんは早速京都へ行き、伊丹さんの許で何かやりたいと押しかけ入門をする。脚本《ほん》でも書いてみたら、と伊丹さんに言われ、佐伯さんは食事付十二円の部屋を借りて朝から晩まで脚本らしいものを書き続けては伊丹さんに見てもらったそうだ。

当時の伊丹さんは既に千恵プロ（片岡千恵蔵プロダクション）で『国士無双』や『闇

討渡世』を発表し注目されていた。新米の脚本に目を通す時間もなかっただろうと思うが、佐伯さんの脚本は全部朱を入れて返してくれたという。その脚本が山のように積み上げられた頃、ある日伊丹さんはその中の『渡鳥木曾土産』を映画化したいと佐伯さんに告げた。嬉しかったそうだ。脚本料として千恵プロから百円もらった。

それを我が事のように喜んでくれた伊丹夫人から「兄ちゃん、そのお金の半分は今まで仕送りしてくれたお父さんに返さな、いけんよ」と言われて、佐伯さんは五十円を郷里へ送ったそうである。

佐伯さんはこの『渡鳥木曾土産』から正式に伊丹さんの助監督となり、その働きぶりが認められて、以後伊丹さんの全作品で助監督を務めた。

撮影が始まると佐伯さんは毎朝伊丹さんの家へ迎えに行って、監督の椅子を受けとり、帰りはそれを届けに寄るのが日課だった。それには大きな楽しみがあった。毎朝顔を出すと、きまって夫人から「兄ちゃん、朝ごはん食べておいき」と言われ、御馳走になることだったそうだ。

その頃の伊丹さんはまだ新婚中で、長男岳彦もやっと歩きはじめた頃。佐伯さんはよく岳彦を脊負って遊んでやった。

「岳の奴、わしの背中にションベンひっかけよってな、往生したわ」と、岳彦が伊丹十三になってからでもよく、からかっていた。十三が「また、その話かい」と笑っていたのを懐しく思い出す。

伊丹さんは、昭和十年の『忠次売出す』で初めてトーキー作品を発表するが、それまでのサイレント映画は十五本。その殆どが今、見られないのはいかにも残念である。

サイレント時代の編集の話を佐伯さんに聞いた。編集室には監督と助監督とキャメラマンの三人だけというから驚く。佐伯さんは伊丹さんの前に撮影済のフィルムをカット順に並べ、自分は台詞が書かれたフィルムを持って隣に控える。伊丹さんがフィルムを電灯にかざして必要な箇所を決め、佐伯さんへ手を出す。佐伯さんはすかさず、そこに当てはまる台詞の書かれたフィルムを渡す。伊丹さんはそれを適当な長さに口で嚙み切り（昔はよくこうした）、左隣のキャメラマンに渡すと彼が薬品で画と台詞を接着する。この作業をいつもぶっ通しの徹夜でやっていたので佐伯さんは屢々《しばしば》居眠りをして伊丹さんに起されたそうである。

昭和十三年、伊丹さんは佐伯さんと共に東京へ移住し、超大作『巨人傳』を監督した。二人は初めての東京と馴れない東宝の撮影に悪戦苦闘。やっとの思いで完成させた伊丹さんは、四月十一日、日劇公開の初日に佐伯さんを連れて劇場へ行った。だだっ広い場内の客席に人影は少く、反応も悪い。表に出た伊丹さんは「酒でも飲もうか」と佐伯さんを促し、近くの居酒屋へ入った。全く酒の飲めない下戸《げこ》の二人が、一本の徳利を前に長い間黙って座っていたという。

「あの時の酒はうまくなかったのう」と佐伯さんはこの話の最後にいつもそう言って笑うのだった。

それから伊丹さんは胸を病み、東宝からの契約も断って京都に引揚げ、監督としての第一線から退くこととなる。

その伊丹さんの薫陶によるものか、佐伯さんも身上的に潔癖な人だった。愛妻を亡くされてから自宅の階下は養女の御夫婦に任せ、佐伯さんは二階で最後まで自炊生活だった。身内とはいえ面倒をかけたくないという気持からだろう。

その頃からあれほど下戸だった佐伯さんが、伊丹忌の集りなどでも酒を受けるようになったので「兄ちゃんも進歩したね」と言われたものだった。

私が最後に佐伯さんに会ったのは、監督の小泉堯史さんと三人で昼食をした日だ。春だったような気がする。成城の桜で花見でもしようと誘ったような気がする。「じゃ今度は伊丹さんの会で」と別れてから私は買物をしてバス停の方へ行こうとすると酒店から出てきた佐伯さんにまた出会った。

佐伯さんは照れ笑いをして、「ちょっと、晩酌の酒や」と手に下げた小さいビニール袋を上げて見せた。二合瓶が入っているようだった。私は「へえ！　佐伯兄ちゃんがねえ」と笑って別れた。

脊中を丸めて窪んだ首すじを見せ、袋を手に下げて歩いてゆく佐伯さんの後姿が最後だった。

「伊丹さんに二十年ついたおかげで五十年めしくわせてもろたんだから不思議よ。立派なお師匠さんのいいとこ、ちっとも貰わんと、後悔ばっかりよのう」と言っていた佐伯さんを思い出すと、その誠実さに胸が痛む。

平成十四年七月十六日夜、家族からの電話で訃報を聞いた。周《まわ》りの音がなんにも聞えなくなったような、淋しさで私は、受話器を持ったまま立ちつくした。

（初出・『NFC NEWSLETTER』二〇〇四年十月）

井伏先生とスニーカー

三年程前、講談社の川島勝さんが井伏先生方の甲府行きに私を誘って下さり、その旅行以来、新潮社の川嶋真仁郎さんともお近付きになれた。

昨年の夏はこの両カワシマ氏が先生のいらっしゃる長野県高森のお家へ行かれるというので私も連れていって貰った。

我々が到着した時先生は、広い土間の上り框に、青っぽい浴衣姿でいかにも暑いという様子で体を横たえていらした。家の中だというのに麦藁帽子を冠っておられ「やあ、いらっしゃい」と体を起して迎えて下さった。川島勝さんが「おや、先生どうなすったんです。帽子なんか冠ったりされて」と言った。川島さんは先生が表をひと廻り位された後だと思ったのかも知れない。「でもお元気そうで、ずい分と日にお焼けになりましたね」と続けた。先生は笑い乍ら家の前の松林の枝を伐ったら近所のお百姓さん達に感謝された話をなさり「今まで困っていたらしいな。全然知らなかったよ。お礼に野菜なんか持って来てくれるの」と言われた。

後で奥様の手料理を御馳走になっている時、お酒を運んで来て下さった奥様が、私達にバラす様に、実は午前中来客があり先生はすでにお酒が入っているのだと笑い乍ら仰言った。川島勝さんが「なんだ先生のお顔は酒焼けだったのか。僕はてっきり日に焼けたものだと思ってた」と言うと、先生は川島さんがまんまと騙されたのがいかにも嬉しそうに声を立てて笑われた。

先生は歩く習慣をつけようと志し、人に貰った万歩計を持って来ているのだが使い方が判らないから未だ実行していない話などなさった。川嶋真仁郎さんが早速その万歩計を腰に提げ、家の道を往復して来て先生に使い方は至って簡単だと説明した。しかし先生は気乗り薄で、曖昧な返事をされている様子を見るとあまりやる気は無い様だった。

今度は川島勝さんが自分の履いて来たスニーカーを自慢して「どうです先生。先生も今度こういうのを履いてお歩きになったら。本当に軽いですよ、自然に足が上ります。ペガサスみたいに飛んで行く様ですよ」と先生の気分をそそのかす様に土間の上で足踏みをして見せた。先生は「そうか」と聞いていらしたが、こっちの方も内心さほど乗気な様には見えなかった。

その夜、近くの宿で一泊した我々は先生に運動靴を進呈しようという事になり、翌朝早くから靴屋に行った。散々物色した末、昔よく運動会などで名前を書入れて使った真白いズック靴を買い、先生のお家へ行った。

先生は上り框に足を投げ出し一寸高い敷居に腰を下ろして私達を待っていて下さった。川島勝さんはその先生の足の横に、決断を迫るかの様に真白いズック靴を置いて「さあ先生。ちょっと履いてごらんになりませんか。本当に軽くて楽ですよ。僕達三人からの贈りものです。ペガサスの様に飛んで行く気分ですよ」とかなり強引におすすめした。先生は大へん困った顔でその靴をごらんになり、溜息まじりに、

「いやあ、これは僕には履けない。これはおかしいわ」と仰言った。奥様は私達に気をお遣いになり、先生に「まあまあ、折角買って来て下さったんですもの、足が入るかどうかちょっと履いてみたらどうでしょう」と言われて小さい子供に靴

を履かせる様に先生の片足を持ち上げて何度も無理に靴の中へ入れようとなさった。先生はあくまで賛成なさらず、足を横に倒して断固として抵抗される。奥様は私達の顔をすまなそうに見上げて「ちょっと履いてみたらいいんですのにねえ」と仰言り、遂に諦めて体を起してお笑いになった。

　すると先生は、さあこれでもう、この話はお仕舞い、と言わんばかりにその運動靴にそれぞれ手をつっこんで立上り、すたすたと廊下を奥へ行き乍ら「さあ、こっちで飲もう」と我々をうながした。川島勝さんが先生の後姿を見て、あれ見てよ、と私をつついて笑った。

　先生が両手に運動靴を履かせて、それを前後に振り乍ら歩いていらっしゃる姿はユーモラスで、我々はやっぱり先生には敵わないと思った。

　私達が奥の部屋で再び御馳走になり酒宴たけなわの時、向うの大柱の下に運動靴がきちんと揃えてあり、暗い中で真白なお供え餅が飾ってある様に見えた。

『赤ひげ』後のクロサワとミフネ

黒澤監督が外国で記者会見をすると、いつも誰かがこう質問する。

「あなたは『赤ひげ』以後ミフネと仕事をしていないが、一体なにがあったのですか」と。それに対しクロサワは、いつも同じように微笑を浮かべ同じように答える。

「いやあ、別に三船君とけんかした訳じゃありませんよ。ただ、もう三船君とやれることは全部やってしまったんでね。もう、やることがないんですよ」と。

『赤ひげ』が完成したのは一九六五年。

クロサワの最後の作品『まあだだよ』の完成は一九九三年。ミフネが最後に出演した熊井《くまい》啓《けい》監督の『深い河』は一九九五年の作品である。

この約三十年にわたる晩年の二人の運命は、対照的に明暗に分かれて進行していったのである。

私は、『赤ひげ』の完成パーティの時、クロサワが私に言った言葉を忘れることが出来ない。彼はおさえたような小声で言った。

「小國《おぐに》(英雄・脚本家)に言われたよ。あのミフネはちがうぜって」

クロサワの顔に失敗した時の後悔の影が走ったように見えた。小國さんの指摘は、ミフネは〝赤ひげ〟という人物を正しく理解していない、という意味だったらしい。〝赤ひげ〟という人物について、脚色に当り原作者の山本周五郎からもクロサワに「赤ひげは心に深い傷を負った人間だということを忘れないように」とアドバイスがあったそうだ。

その山本も完成試写を見て「よくやった。原作よりよく出来た」と褒めてくれたというから、クロサワも喜んでいたのに、この小國さんのひと言は不思議なほどの打撃を与え、クロサワの心に落ちた一滴の冷水は次第に拡がり、クロサワを浸蝕していった。

それまでクロサワは十六本の映画をミフネのために作って来たが、一度もミフネの演技に不満を持ったことはなかった。当時は「もし、ミフネさんがいなかったらどうしますか」という質問にも「僕は映画が作れなくなる」と答えていた程、惚れこんでいたのである。

撮影中でもクロサワはミフネの演技に注文をつけたことは無く、およそ、批判的な眼でミフネを見ることは無かったのだ。

クロサワがミフネの演技に僅かにしても不満を抱いたのは、おそらく『赤ひげ』が初めてだろう。それでも、クロサワはミフネとそのことについて話し合った訳でもなく、遠慮がちに後ずさりしてミフネから離れていったように見えた。

そのすきに、外から思わぬ要因がウィルスのように侵入し、クロサワは大きく方向転換をすることになる。

米国に留学していたプロデューサー、青柳哲郎氏が、米国のアブコ・エンバシー・プロとの合作による『暴走機関車』の話と共に、急速にクロサワに接近してきたのである。

青柳哲郎はクロサワの映画作りに接した事もなく、米国とクロサワの間をとりもつには経験不足だったが、クロサワは青柳哲郎の英語力と調子の良さが気に入ったのか、すっかり彼を信頼し切ってしまった。

クロサワの書いた脚本も面白く（後にアンドレイ・コンチャロフスキーが映画化）ロケハンまでしたのに条件が合わず、中止となり、前途に暗雲がただよい始める。一九六六年のことである。

一方、同じ六六年には、ミフネは世田谷にミフネ・スタジオを建て、本格的に映画製作に乗り出し、順風満帆に見えた。

ミフネも米国へ進出し、六六年はジョン・フランケンハイマーの『グラン・プリ』(Grand Prix)、六八年にはジョン・ブアマンの『太平洋の地獄』(Hell in the Pacific)に出演している。

だがクロサワは『暴走機関車』の挫折《ざせつ》で、プロデューサー青柳哲郎の力量不足に気がつかなかったのか、またも青柳哲郎を信頼して、無謀な戦争に突入する。六七年から六九年のクロサワは燃料のきれた飛行機のように、息も絶え絶えに迷走を続けてゆくのだ。

即ち『トラ・トラ・トラ!』の事件である。

一九六七年四月二十八日、20世紀FOXのプロデューサー、エルモ・ウィリアムズは、港区芝公園にある東京プリンスホテルにおいて、日米合作映画『トラ・トラ・トラ!』の製作発表を行った。『トラ・トラ・トラ!』とは、真珠湾奇襲作戦の日本側暗号のことである。

日本側監督はクロサワ・アキラ、米国側は後にリチャード・フライシャーと決まる。撮影開始は予定より大幅に遅れ、六八年十二月三日。撮影は約二十日間行われたがトラブルが続き、クロサワはノイローゼという理由で、FOX側から監督を解任された。

FOXは、クロサワに代る監督を探すと共にミフネに主役である司令長官山本五十《いそ》六《ろく》として出演を依頼した。

それに対しミフネは、監督はクロサワ・アキラで、製作をミフネプロに全部まかせること、という条件ならば、山本五十六の出演を受諾すると、返事をした。

ミフネはこの機会に、クロサワとのコンビを復活したかったたし、窮地に立つクロサワを救出したい、とも考えたにちがいない。

ミフネはクロサワに電話をして「ゴルフにでも行きましょうよ」と励ましたという。しかしこのミフネプロの条件はFOXに受け入れられなかった。クロサワももうFOXの仕事をする気は全くなかった。米国式の合理的な映画作りと、クロサワの作家的な映画創造は、全く相容《あいい》れないものだ、ということが骨身にしみて判ったからだろう。

この事件でインタビューに応じたミフネが、

「クロサワさんが出演者に素人ばかりを使ったのが、こういう結果を招いた原因のひとつではないか」

と発言したのが大きく報じられ、それがクロサワの逆鱗《げきりん》にふれたのだ、と見る人もいる。ミフネ自身も、あんな余計なことを喋って、またクロサワとの距離が遠くなったと後悔したかも知れない。

しかし、それは当っていない、と私は思う。その頃のクロサワは一切の映画の煩《わずら》わしさを忘れて心の傷を癒《いや》そうとしていた。新聞を見るどころではなかっただろう。

ミフネにとっては正に千載一遇《せんざいいちぐう》の、クロサワとの復縁の機会を逃したことになる。

しかし、クロサワはいかに状況が好転しても、山本五十六の役にミフネを配役しなかっただろう、と私は思う。

元来、クロサワは、ドキュメンタリー的なリアルな表現を好んだ。逆説的に言えば、プロの俳優の理想的な演技は、素材としての、素人と同じになることだった。だから『トラ・トラ・トラ!』の時、クロサワは出演者に、戦争体験者の社会人を起用したのである。そのためには社会人のスケジュール調整も容易でなく、素人の緊張をほぐすのにも時間がかかるのは当然で、ハリウッド式効率の計算では不可能だった。だからミフネの言う「原因のひとつ」というのは間違いではない。

こうして米国映画産業の荒波に翻弄《ほんろう》され、放り出されたクロサワは、友人の監督たちと「四騎《よんき》の会」を設立。テレビも含めた脚本を書きながら再出発を開始した。

一九七〇年、クロサワは自分が精神異常者ではないことを世界に証明するため、低予算で『どですかでん』を製作、撮影日数も二十八日間という異例の早さで完成させて、その健在ぶりを示したが、興行成績は期待はずれだった。

七一年、クロサワは自宅で自殺を図ったが、未遂に終る、というニュースは世界に衝撃を与えた。

その頃ミフネはフランスで、アラン・ドロン、チャールズ・ブロンソンと共演のテレンス・ヤング監督『レッド・サン』(Soleil Rouge)に出演し、華やかな話題を提供していた。

しかし、その後、七二年から七五年の間、ミフネは一本も映画に出演していないのである。この空白の四年間、一体ミフネは何をしていたのか。

一九七二年、『どですかでん』のプロデューサー松江陽一は、全ソ連映画合作公団から一通の通知を受けとる。かねてから検討中のクロサワによる『デルス・ウザーラ』実現の用意がある、というのだ。

七三年正月、クロサワは松江プロデューサーとモスクワへ向う。製作形態は完全なソヴィエト映画だが、日米合作の失敗をくり返さぬよう松江は、創造上の芸術面は一〇〇パーセント、クロサワの意志に従うこと、という条件で契約した。

実はこの段階において、主役の一人にミフネ・トシロウの名がキャスティングされていたのだ！

それは、デルス・ウザーラという名前の、シベリヤの密林に住む案内人の役であった。この映画はアルセーニエフという探検隊長と、デルスの感動的な交流の物語だ。いくらなんでも、ゴリド族の案内人にミフネが現れるのは変じゃないか、と私は思い、松江プロデューサーに聞くと、どうも、ソ連側から出た話だったらしい。ソ連側がクロサワとミフネのコンビを、ここで再現できれば、世界的にもビッグ・ニューズになると思ったのだろう。その話が、どこを通じてかミフネに伝わったらしい。彼は自費で海外をまわり、自分のスケジュール調整をした、と後年、ミフネ本人から聞いたことがある。

ミフネがどれほどクロサワとの仕事の再現を切望していたか、察するに余りある。しかし、やはりクロサワは、デルスという、ゴリド族の自然人にミフネは不自然だと思ったのだろう。松江プロデューサーは、ミフネを二年半もシベリヤに拘束するのは不可能だという理由で、ソ連側に諦めさせたそうである。

デルスの役は難航したが、無名の演劇人マキシム・ムンズークに決定した。

ミフネはまたもや機会を逃がしたばかりでなく、四年もの長い年月を空転させてしまったのだから、気の毒でならない。

尤も、この間《かん》、七三年のモスクワ国際映画祭の審査員に招かれ、訪ソした折、丁度モス・フィルムで準備中だったクロサワと再会している。

翌七四年クロサワは厳しい自然と戦いつつ大作『デルス・ウザーラ』の撮影を終え、七五年春はモス・フィルムで仕上げの作業にかかっていた。

そこへ日本から『映画監督・黒澤明』というテレビ番組の取材で、ミフネ・トシロウがクロサワのインタビューに訪れた。松江プロデューサーが映画の宣伝のため、クロサワの諒解を貰っていたのは言うまでもない。

今、そのビデオを見ても、二人の会話はどことなく気まずく、よそよそしい。

モス・フィルム撮影所の表で、クロサワの煙草にミフネがライターをさし出して火を点ける光景は、なぜか今までと違って、永遠の別れを告げているように見えた。

公式に二人が出会ったのは、これが最後となった。

『デルス・ウザーラ』はこの年のモスクワ国際映画祭の金賞受賞に続き、アカデミー外国語映画賞をも獲得。こうして、どん底から不死鳥の如く立ち上ったクロサワは、更に文化功労者という栄誉にも輝いた。

一方、七六年のミフネは、英国でケン・アナキンの『太陽にかける橋』(Paper Tiger) と、米国でジャック・スマイトの『ミッドウェイ』(Midway) の二本に出演しただけである。

その後のミフネは、ミフネ・プロダクションの映画製作も縮小し、京都東映の時代劇や、八〇年の米国映画『1941』(スチーブン・スピルバーグ)、『インチョン!(Inchon!)』(テレンス・ヤング)、TV用『将軍』(Shōgun)、八一年の『最後のサムライ/ザ・チャレンジ (The Challenge)』(ジョン・フランケンハイマー) などに出演、海外で傷心を癒していたように見えた。

クロサワは『デルス・ウザーラ』で見事な甦生《そせい》を見せたものの、日本で彼の新作に大金を投資しようとする映画会社はなかった。

クロサワは七六年から七九年まで、ウイスキーのCM出演によって辛うじて生活をしていた。

七九年、ようやく東宝と製作費の折り合いがつき、『影武者』の撮影を開始した。東宝での撮影は『赤ひげ』以来、実に十四年ぶりだった。

『影武者』は、米国のフランシス・F・コッポラ監督とジョージ・ルーカス監督の協力もあって、国内での興行も大成功し、八〇年のカンヌではグラン・プリに輝き、クロサワにも幸運がむいてきた。

その後は八五年の『乱』から九三年の『まあだだよ』まで、四本の作品を発表。海外でも彼の功績を称《たた》える行事が行われて晩年のクロサワは今までの苦労が報われ、幸せだったと思う。

一九八九年に、ミフネは熊井啓監督の『千利休 本覺坊遺文』に出演、千利休を演じている。これは、ヴェネチア映画祭で銀獅子賞を受賞。ミフネの演技も絶讃されたという。

千利休とは、十六世紀末、時の権力者関白、秀吉の茶道の師匠を務め、寵愛《ちょうあい》を受けていた有名な教養の深い茶人である。その彼が、何故か突然、秀吉から追放され、切腹を命じられて、一五九一年、七十歳で没した。

クロサワは秀吉のような暴君ではなかったから、その点はちがうけれど、千利休を演じるミフネが、毅然とした態度の中に、一抹の淋しい表情を見せる時、なぜクロサワから急に疎《うと》まれるようになったのか、真意がわからないミフネの心境が重なるようだった。

ミフネはその後体調を崩し、容姿も衰えたが、撮影の現場が大好きで、医者から止められているにも拘らず、たったワン・シーンの出番でも出演していたという。

クロサワとミフネが最後に顔を合せたのは、一九九三年二月二十八日に亡くなったクロサワの盟友、本多猪四郎監督の葬儀の時である。

参列の人の中にやっと立っていた幽鬼のようなミフネの姿を見て、クロサワが近づいた。後で聞くと、クロサワは「大丈夫か、無理をしない方がいい」といい、ミフネは「大丈夫です」と答えたそうだ。それが最後の会話になった。

クロサワは九五年、京都の旅館でシナリオを執筆中、転倒して骨折したのが元で、遂に現場復帰はならなかった。

同じく九五年、ミフネは最後の力をふり絞って熊井啓監督の『深い河』に出演した。病床にある元日本兵の役だから不自然とはいえないが、それにしても、ようやく台詞《せりふ》を口ごもるミフネの気力は痛々しかった。その時すでに内臓機能は完全に蝕《むしば》まれていたらしい。

私が黒澤さんの家へ見舞いに行った時のことである。

応接間に車椅子で出てきた黒澤さんに三船さんの容態が悪いことを伝えた。

黒澤さんは暫《しばら》く黙っていたが、遠くを見るような眼で、言った。

「三船は本当によくやったよ。三船に会ったら、そう言って褒めてやりたかったねえ」と。

三船さんは、そのひとことを、どんなに聞きたかったことだろう。

しかし、それは届かず、九七年十二月二十四日、ミフネ・トシロウは七十七歳で波瀾万丈の生涯を閉じた。

それから九ヶ月後、九八年九月六日、偉大な映画監督クロサワ・アキラの死が世界中に報じられ一時代の終りを告げたのである。享年八十八だった。

（初出・英語版『天気待ち』Waiting on the Weather, 二〇〇六年十二月）

『静かな生活』垣間見録

「今日は大江健三郎さん一家をお招きしてあるから確実にスタジオで撮影している」とプロデューサーの玉置泰さんが教えてくれたので、私は慌てて調布のにっかつ撮影所へとんで行った。七月二十一日、いよいよ撮影も大詰に来ているらしいのだ。

セットの小さな重いドアを引っぱり、体をかがめて中に入ると、面白いもので入ったとたんにその組独特の空気を感じる。溝口組なんかはピリピリと静まりかえっていたし、黒澤組となるとドナリ声が飛び交ってまるで魚市場のようだった。伊丹組はというと、来客があるせいか一家団らん、食事中にお邪魔した気分である。

例の如くビデオモニターをのぞきながら伊丹監督が「さあ、一度テストしてみようかな」とキャメラマンの前田米造さんの方へ声をかける。伊丹さんの後《うしろ》に三人、肩を寄せ合うようにして座って見ている方達が、他ならぬ大江健三郎さん、ゆかり夫人、大江光さんである。普通ならノーベル賞作家の原作者なんかにこうして後から見ていられたんじゃあ、緊張してしまうものだが、そこはそれ、義理の兄弟という強みからか伊丹監督は余裕シャクシャクである（ように見える）。むしろ、大江さん達の方がま

るで父兄参観日に教室の後でハラハラしながら見学している父兄のように見えるからおかしい。

今、撮影中の場面は、家族全員が顔を揃える居間で、両親がオーストラリアへ出発する前日のこと。パパは新聞を読んでいる。脳に障害をもつ長男イーヨーは、床に腹這いになって作曲中。次男のオーちゃんが予備校へ出かける。パパはイーヨーが体をもじもじさせるのを見て、イーヨーにはエネルギーを発散させるスポーツが必要だと言い、「性器がこんなに大きくなってるぜ」と彼をトイレに連れて行く。妹のマーちゃんが新聞を見ると〝林間学校の女生徒、襲われる〟〝知能障害の青年〟という記事。衝撃を受けるマーちゃん。

という一場面を一カットで撮ろうとしている。ここでは性的な言葉も自然現象として家庭内の会話になっているから不思議である。かつて大江さんが登場した頃、小説の中で〝セクス〟という言い方をしていたのが刺戟的で、これが正しい言葉かと感心したものだ。

現場ではテストが何回となくくり返され、その度に俳優の動きとキャメラの移動を合わす練習をしたり、サイズを調整したりしている。その間伊丹さんは後方へ体をねじって大江さん達と雑談している。雑談とはいえ傍で聞いていても仲々興味深いものだった。

大江さんは、映画がこうやってくり返し、やり直し、少しずつ形になってゆくところが、文章を書く作業によく似ている、と言う。漢字の使い方から送りがなまでも、一語一語考えぬいた作業の揚句であり、少しずつ固まってゆく過程は同じだそうだ。

伊丹さんが光さんの顔をのぞきこむようにして感想を聞いているらしい。「ええとね、ええと」と光さんがはにかんで何か言うと伊丹さんが「そう。はっはっはっ」と嬉しそうに笑った。後で聞くと光さんはイーヨーのことを「実は、あれ、僕なんです」と言ったのだそうだ。

本番でもまた何回かやり直し、やっと監督の「ハイ、O・K、O・K!」の声がひびき「いいね」とキャメラの前田さんの方を見る。向うからも指で丸印を見せて笑顔で応える。大江さんが拍手をする。スタッフへのねぎらいからだろう、伊丹さんの「じゃあ、こっちの壁つけて！」という大声。現場は忽ち騒然となり舞台は変わる。これから反対側のセットをバックにして記者会見が始まるのだ。

会見の中で、大江さんと伊丹さんの松山東高校時代の話になる。「机を並べて二人で四行詩を作った」と伊丹さん。「彼が二行書くと僕が二行、といった具合で、大江さんはそれをカトラン（四行詩）パーティと呼んでいた」とか。才能溢れる二少年の姿を彷彿とさせるではないか。かつて厳父伊丹万作と伊藤大輔が松山中学の頃、机を並べて伊藤さんがストーリーを書き伊丹さんが挿絵を描いて回覧誌に連載していたことを想い起させた。

言うまでもなく今度の『静かな生活』は伊丹作品の中で初めての原作ものである。「僕はもしかしたら原作ものの方が向いているのかも知れないな」と伊丹さんは冗談っぽく言う。「その原作の美しさを損わずに映画に出来たと思う」

記者会見の後、大江さんは用意して持って来られたサイン入りの著書を、主な俳優さんと前田キャメラマンに一人一人贈呈された。そこにはサインだけでなく三好達治の詩が書き添えてあったり、大江さんの細かな心遣いが行き届いていた。

大江さんは山崎努さんについて「実物の僕よりずっと威厳があって立派です」と言

われた後で「映画より実物の方が立派なのは、本棚の本だけです。これは僕の家の方がいいな」と言って皆を笑わせた。

この日は特に用意した編集ずみラッシュを三十分ばかり大江さん方にお見せした。試写後、大江さんは「無駄がなく、緊張感があって、素晴らしいと思う」と感想を残して帰られたそうだ。

私もスタッフと一緒に新しいラッシュを見せてもらった。

渡部篤郎さんが、障害者のイーヨーという難かしい役をよくコナして、性格化しているのに感心した。マーちゃん役の佐伯日菜子さんもよくやっている。一途に兄想いで、健気なところが可愛い。

渡部さんについて監督に聞くと「渡部君がはじめて部屋に入って来た時、彼の眼を見てこれならいけると思った」のだそうだ。

「映画は小説と違って、イーヨーが喋らない時でも写っている限りはそこにいる訳です。観客が、二時間とはいえこの愛すべき純粋な人物と一緒にすごす体験を持ってくれれば僕としては本望です」

伊丹十三というと何故か批評家の方々にあまり人気がない（ように見える）。好き嫌いは止むを得ないが、押しつけがましいとか、くどいとか言う声を聞く。まあ、くどいのも確かで特にセックスシーンなどになると断然くどくなり、厳父伊丹万作氏の作風とは対極をなすのだから全く遺伝子の作用は測り知れない。

しかしこの伊丹さんのエネルギーは強靭でどんな小さな異物も寄せつけず、気に入らない結果が現れると何度でも撮り直す。一、二秒のカットでも全力を投入する。編集をしている時でも、脇目もふらず没頭している（ように見える）。その集中力たるや大したものだ。

「今度は、ワンカットでなるべく長く廻すようになった。細かくカットを割る気がしなくてね。全体の中のところどころに短いカット割りのところがあるって感じだね。撮っていて、その長さに耐え得ればいいわけだからね。だから今までのと違う。不思議な映画だよ。これも年齢《とし》のせいかな」

たしかに伊丹監督も還暦を過ぎた。新しい境地を開く年齢かも知れない。『静かな生活』はその意味でも楽しみである。


（初出・『キネマ旬報』一九九五年九月下旬号）

『たそがれ清兵衛』の撮影現場を訪ねて

1

嵐電帷子《かたびら》ノ辻《つじ》駅前の通りは今も〝大映通り〟と名前が付いている。だが大映撮影所のあった処は中学校とマンションの近代ビルがそびえ、私が五十年前『羅生門』で通っていた頃の面影は全く無かった。東映と松竹だけがまだその砦を死守している。

山田洋次監督が初めての時代劇『たそがれ清兵衛』を、その松竹で撮影中と聞き、かねてより一度見せてもらいたかった私は、早速京都をお訪ねした。

四月二十四日。その日は撮休だったので開放されたセットの表で山田監督は誰かと立ち話をしていらした。スタッフはラッシュを見ているのだそうだ。忙中閑有りの風景である。

山田さんはこれから撮影に入るクライマックスの立ち廻りについて思い悩んでおられるように見えたが、時々刀の素振りのように手を振り下ろしてみたり、むしろ楽しんでいらしたのかもしれない。

脚本は、藤沢周平の『たそがれ清兵衛』『竹光始末』『祝い人助八』の三つの短篇を、巧くつなぎ合せ井口清兵衛という一人の人間を創り上げている。妻を亡くした清兵衛はボケの始まった老母と幼い娘二人を養うため〝たそがれ〟時の下城の太鼓が鳴ると帰宅し内職に精を出す。仲間たちがそれを嗤って〝たそがれ清兵衛〟と陰口を叩いていた。

だが彼の小太刀を使う腕が見込まれ、叛逆者余吾善右衛門《よごぜんえもん》を討てという藩命が下る。僅か五十石の平侍にこれを断ることは出来なかった。命を懸けて家族を守る。それまで口に出さなかった意中の女性に、最後の想いを打ち明けて果し合いに向かう清兵衛。その清兵衛の生き方が清々しい。脚本を読んだだけで泣いた。

山田さんがこの映画化を考え始めたのは五、六年前のことだそうである。丁度私達が、山本周五郎原作、黒澤明脚本『雨あがる』を小泉堯史監督で撮影している頃、山田さんは東宝まで撮影を見に来られ、美術の村木与四郎さんや衣裳の黒澤和子さんに色々たずねて研究されていた。

あれから約四年。やっと今ここまで来たのだ。険しい山道も頂上が見えて来た。監督もスタッフも苦しかっただろう。だが頂上に立てば素晴しい景色が眼下に拡がるに違いないのだ。

井口清兵衛には真田広之。決闘の相手、余吾善右衛門には前衛舞踏家の田中泯という面白いキャスティングである。

田中泯さんは一九四五年東京生まれ、大学時代からモダン・バレエを学び、八一年舞踏団〝舞塾〟を結成。世界各国で公演を続け、多数の受賞に輝いている方である。

山田さんは「余吾が絶命するところは、田中さんらしい倒れ方をしてもらおうと思ってるんですよ。面白い、こう、変な絶命の仕方があるんじゃないかと思うんだなあ」と言いながら、ご自分で泳ぐような手付きをしてよろめき「ハハハ」と楽しそうに笑った。

そこへ田中泯さんが衣裳の着流し姿で現れる。山田さんはその着付けを崩して「それで足をふんばるとどうなりますかな」と細かくチェックをされる。

黒澤監督がトリュフォーの『アメリカの夜』を見た時、「どこの監督も同じだね」と笑って言われたものだ。「映画を作るのは毎日毎日薄い紙を一枚一枚めくってゆくようなものだ。根気のいる仕事だよ」と。

山田さんも同じように、今夜もまたホテルで台本を拡げて、ああしようかこうしようかと悩み続けるのだろう。

2

五月七日午後。宣伝の並木明子さんが先に立って真暗なセットの中へ案内してくれる。やがて眼が馴れると土間は履物でギッシリ埋っている。昔からどこのセットでも同じだった。私がキャメラの後ろへそっと近よると、誰かが場所をゆずってくれる。見ると囲炉裏の傍で酒を飲んでいる余吾と、上り框に腰かけている清兵衛が話し合っているカットのテスト中だった。

余吾「妻は辛苦の果てに旅先で息を引きとってしまった」
清兵衛「それはおいたわしいことで」

これが映画初出演とは信じられない田中さん。巧いのだ。淡々と話すのだが、ドスのきいた貫禄。『姿三四郎』の月形龍之介さんを思わせる、よく透る渋い声。後で山田監督に伺うと、やはり稽古もずい分したらしいが、それにしても凄い。

山田組の現場は、黒澤組の喧喧《けんけん》ごうごうに比べれば静かなものである。照明の中岡源権さんの声だけがビンビンはね返る。活動屋の声だ。

「どうや、イケそ（う）か？　イケるんやろ!?　壁、見てみィ、落《おっ》てないやろッ！」

中岡さんは『羅生門』の時、助手でよく働いていた。私が今でも〝源ちゃん〟と呼ぶのは昔の戦友だからで、本当は失礼なのだ。

余吾は酒を飲みながら清兵衛に忿懣をぶちまけている。自分は忠勤を励んで来たのに何故こんな仕打ちを受けるのか。何で腹を切らなきゃならんのだ、という。

山田さんがキャメラの傍から田中さんへ「〝それのどこが悪いのだ！〟と、そこで膝を叩けませんかね。〝それのどこが悪いのだ！〟って」と言い自分の膝を叩いてみせる。「それで、アグラかいた時ね、着物から足がぬっと出たいんだ」と衣裳係さんを見て、「足が出るようにならない？　ぬっと。足を見せたいんだよ」と言う。あれこれ試した揚句、結局キャメラにバレないように着物の裾を縛って一件落着。

余吾はすでに「わしは逃げるぞ」と清兵衛に言っている。「見逃してくれ」と頼んでいる。清兵衛も見逃してもいい気持に傾いていた。

「私は、そげだことお答えするために、ここさ参ったのではありません」

山田さんの脚本は、いつもその土地の方言に忠実な点が魅力のひとつでもある。ここでも原作者藤沢周平氏の郷里、山形県庄内地方の方言が味わいを深くしている。藤沢氏自身、子供を抱えて職を探す、清兵衛に似たような生活を経験されていたようだ。

余吾は態度を変え、清兵衛にやさしく聞く。

「お主、奥方は労咳《ろうがい》で亡くなったときいているが、そうか」「はい、よくご存じで」「やはり、夕方になると熱が出ただろう」

そこで山田さんのアイデア。

「〝熱が出ただろう〟て言う時、指さしてみたらどうですか、そう、そうですね」とキャメラをのぞく。

「これ、ねえ六さん（撮影の長沼六男さん）、余吾の向うむきが多すぎるね。動きでこっち向くようにしないと」といった具合に次々と問題が起る。

一方、田中さんも大変なのだ。アグラの時には足を見せる。膝も叩かなきゃいけない。「熱が出ただろう」で、指さすのも忘れちゃいけない。それから体をキャメラの方へ向けるのだった。

映画俳優の仕事は本当に難しいと、つくづく思う。キャメラに写る、なんセンチ単位の位置、動作のスピード、台詞の明瞭さなど制約が厳しいのだ。これらをコナしながら、最も大事な感情移入という状態にならなければいけないのだ。

「じゃ、本番いいですね」と山田さん。

長沼さんがキャメラをのぞいたまま、

「囲炉裏の煙、前と同じに出してよ」と言う。小道具さんはさっきからあせって火を付けているのだが思うようにいかない。

「そんな蚊取線香みたいなの出さないでくれよ」長沼さんの声にもイラつきが感じられる。「全体から煙が出る訳だろ。おかしいよ、そりゃ」

小道具さんは囲炉裏に頭をつっこんでフーフーやっている。「おかしいなあ」と長沼さんはとうとう出ていって囲炉裏の灰をほじくったりしている。

山田さんは黙ってじっと待っている。仕方がないのだ。前のカットでも煙は仄かに上がっていたのだから。しかし折角俳優に動きをつけて、何とか形になり本番もいけそうになったところで、これだ。また元に戻ってしまう、と内心さぞじりじりしている筈なのに、山田さんは黙っている。

これが気の短い黒澤さんだったらこうは行かない。「何を今頃そんなことやってんだ！　いちいちこっちが言わなくたって分かってるだろッ！　俳優さんたちがダメになっちゃうんだよ！　早くしろッ、早く！」と怒声が飛ぶところだ。山田さんの心中も同じだろうと思うが、山田さんは忍耐の人だ。じっと耐えている。怒鳴ったところで煙がうまくいく訳じゃないのだ。

ようやく煙らしくなって汗だくの小道具さんは引っ込む。

「じゃ、いいですか。本番」やっと山田さんが静かに言い、本番が回った。田中さんが膝を叩くのを忘れたように見えたが、山田さんの「O・K！」という声に、ざわざわとその場の緊張がほぐれた。

ワンカット撮り終えた田中さんは、セットの隅で腰を下ろし一服していた。いかにも煙草がうまそうだった。

――映画って芝居の他にいろんな制約があるから大変でしょう？　と声をかけると田中さんは笑顔を見せて、

「いやいや。毎日面白くて。私は芸術のための芸術家にはなりたくないんでね。ベース・キャンプに戻ったみたいですよ」と言う。

田中さんの脚は逞しく、特にふくらはぎには異様な筋肉がついている。長年舞踏をやってるうちにこうなったのだ、と田中さんは感慨深げにご自分の脚を見ていた。

山田さんは俳優の芝居を大事にする監督だからだろう、脚本通り順番に撮ってゆく。いわゆる〝中抜き〟という、間《あいだ》を抜いて一方向けばかりまとめて撮ってしまう〝早撮り〟などは知っていても出来ないのだろう。

山田さんが長沼さん達と明日のキャメラ位置について打合せをしている。今日はこれからラッシュを見るというので、私は失礼した。

3

五月八日朝。セットへ行く前に衣裳部をのぞく。衣裳デザイナーの黒澤和子さんはたった一人、オール松竹、山田組の中に単身赴任だ。父上黒澤監督に仕込まれた汚しの腕を買われたのだろう。

衣裳部の中は汚しのきいた着物がボロ市のように両側にぎっしり下がっていて、醤油のような独特の匂いがする。奥の方で何かやっていた和子さんがふり返り、大きなマスクを顎にずり下げながら「これですからね。ホコリがすっごいの」と言って明るく笑った。

メイク室では、真田さんと田中さんが鏡の前に並んでドーランを塗っている。私が真田さんに「こういう脚本だと俳優としてはやり甲斐があって面白いでしょう」と聞くと、「幕末の農民出のね、平凡な侍っていうのがいいですねえ。ヒーローじゃないところがね。僕としてはいかにシンプルに表現できるか、です。抑えた芝居でやりたいですね」と意気込みを語ってくれた。

セットに行って見ると、キャメラはすでに仏壇向けで照明部がライトを当てていた。

山田さんはキャメラ脇に陣どり、誰に言うともなく声を出している。

「暗《くら》あい中に位牌と骨壺が見えてりゃあいいんだよ……豪華に見えないようにして下さい。あ、ちょっと……うーん。江戸時代の位牌って、こんなものだったのかねえ……ま、頑張って作ったんだろうな」

余吾がキャメラの横でスタンバイしている。

録音部さんが田中さんに昨日の感じを摑んでもらえるよう、テープをバックして声を聞かせている。細かい心遣いである。ここはその続きから始まるのだ。余吾が画面に入り「十六歳」と言い、チーン、と鐘を叩く。

「花に例えれば大きく膨む蕾の時に死んでしまった、骨と皮ばかりになってな」と、娘の骨壺を持ってキャメラ前を横切るように画面外へ出る。

長沼さんからは、骨壺を見えるように持ってくれませんか、とか、キャメラ前を横切るときはもう少しスピーディにお願いします、などと注文が出る。山田さんは体をのり出し田中さんに余吾の心境を伝え、何とか感情移入して余吾になり切るよう、声を出し続ける。

「〝十六歳〟、哀しみをこめてね。〝大きく膨む蕾の時に――〟。そこへ〝やせ細って〟を入れましょうか。そのイメージを描いて下さい……美しい娘がガイコツみたいになったイメージを思い浮べながらね……骨と皮ばかりになった娘を抱き上げたら、ガチヤガチャッて、音がしそうだった……ね」

山田さんはキャメラが回り出すギリギリまで俳優に魔術をかけ続けるのだ。まるでピノキオに命を吹きこむように。

「いいですか、本番。……哀しい物語なんだからね……哀しい哀しい話なんだから……十六歳、に感慨をこめて……ヨーイ!……　やせ細った娘を抱いた時の感覚というのか……本番、ヨーイ！　スタートッ！」

まるで相撲の仕切りのようだ。時間一杯待ったなし、まで粘る。「ワンカット、ワンカット祈るような気持ですよ。何とかうまくいってくれっていうね」と言う山田さん。

これが『男はつらいよ』を四十六本も撮った大ベテラン監督である。監督生活四十一年、この作品が実に七十七本目になるプロ中のプロである。

その山田さんが、まるで一本目の新人監督のようにひたむきに真剣に、ワンカットの中に命を吹きこんでいる姿に感動した。

昼食を山田さんに誘われ、宣伝部やキネ旬の前野さんたちと一緒に近くの〝つたや〟といううどん屋に行く。「こんにちは」と山田さんは通い馴れた道らしく狭い裏口から店の奥へ入る。葛飾柴又にでもありそうな店で、座敷といっても家族の一室らしく子供の鞄みたいなのが隅によせてある。いかにも山田さんの好きそうな、気分の休まる店である。

注文をききに来たエプロン姿の小母さんに皆、それぞれ野菜丼とか、かき揚げうどんなど頼む。ご馳走になってこう言っちゃあなんだが、みんな五、六百円で安いのもいい。

野菜丼を待つ間、私は山田さんの山口の高校時代の話を聞いたりした。

山田さんの笑顔を見ていると、こうして仕事を離れた休息の時間は、きっとほんの一刻だけのものなのだろう、と思うのだった。

4

原作のひとつ、藤沢周平『竹光始末』の中にこういうところがある。ここの丹十郎という名は、映画では清兵衛となっている。

「ついに刀を売って宿賃を支払った。貴公は一人か」

「さよう」

「まことにうらやましい。妻子を持つと辛いぞ。見られい、中身は竹光じゃ」

丹十郎は太刀の柄を引いて、少し中身を見せた。だが、丹十郎の慨嘆に、余吾《よご》は沈黙したままだった。

訝しそうに顔を挙げた丹十郎の眼に、邪悪な喜びに歪んだ、余吾善右衛門の顔が映った。余吾の眼は、ひたと竹光を見つめている。

「そうなら、話は別じゃ」

大柄な余吾の身体が躍りあがって、刀を摑んでいた。


（新潮文庫）

ここのところが脚本はいささか違う。


清兵衛「――（前略）とうとう武士の魂の刀売ってしまったなでがんす」

とろんとしていた余吾の目がきらりと光る。清兵衛、それには気づかず話を続ける。

清兵衛「父から譲り受けたいい刀で惜しくはありましたども、もう剣の時代ではねえという思いもあったものでがすさけ――これは、恥ずかしながら竹光でがんす」

かたわらに置いた太刀を少し抜いて見せる。

清兵衛、苦笑して余吾を振り返る。余吾の怒気を含んだ目が清兵衛を睨みつけている。

余吾「お主、わしを竹光で斬るつもりか、おもしろい奴だな」

原作の、「そうなら話は別じゃ」と邪悪な打算から突如殺意をむき出しにする余吾を、脚本では、侮辱されて激怒し「わしを甘く見たな」と刀を摑む、誇り高い侍余吾にしたところに山田さんの狙いがあったのではないか。山田さんは、余吾善右衛門という男にも同情し、余吾にもまた、愛情を注いだのではないか、と私は思う。

いずれにせよ、今の今まで「逃げるつもりだ」と言い「見逃してくれ」と哀願していた余吾が、突然激昂し、状況が一変するところが面白い。

清兵衛に扮している真田広之さんは、

「ここがこのシーンのへソですよ。ゴング鳴った！　開戦！　ていうところですからね」と中々うまいことを言う。

余吾も竹光を見る迄は清兵衛に、

「病人子供がいて五十石では難儀だろうのう」と同情し、骨壺から娘の骨をつまんで愛《いと》おしそうに口に入れる男だった。

壺の中には骨の代わりに白いブドウ糖を、小道具さんが入れたそうだ。娘を愛するあまり骨を食べるのはどうだろうと、山田さんが余吾役の田中泯さんに相談したら、田中さんは、実際に自分は弟の骨を食べたことがある、と言われたそうだ。田中さんて不思議な人である。

清兵衛が刀を売ったと白状した時、余吾の目がギラリと光る。それを強調したい山田さん。照明の中岡源権さんがキャメラをのぞいてはライトを調整する。撮影の長沼六男さんが、余吾の骨壺を持つ手の動きが途中で止まったら分かり易いのではないかと提案。ところが案外これが難しく、田中さんはガチャガチャ振っていてピタと止めてみたり、壺を廻している途中で動きを止めたりしてみる。それも「刀売ってしまったなでがんす」の、どこで止めるか、タイミングも微妙だ。

キャメラわきの山田さんも長沼さんも、みんな余吾になったつもりで手をぐるぐる廻して考えている。

いよいよ本番となり、再び山田さんの祈りとも言える言葉が電波の如く発信される。

「いいですか、よーい！……なんだ？　て顔ね。よくもこの俺を甘く見てくれたな、という気持……よーい！……もり上がる怒り、哀しみを抑える……よーい！……暗い中に不気味に眼が光るショットですよ……いいですか、よーい！　スタート！」

キャメラが回る。うまくいきますように。息をつめてみつめるスタッフ。

「はい！　O・Kです」

山田さんのひと声にホッとする一同。山田さんはあまり何度も本番を回さない方らしい。最初の本番が最高と思っておられるのかも知れない。

黒澤監督もよく言われたものだ。「何度撮り直しても結局、最初のが一番良かった、てことが多いね」と。俳優もスタッフも全力を注ぐからだろうか。二度目からは、あれこれ注文も出るし、修正する意識が邪魔をするのだろうか。

しかし山田さんはキャメラが回る直前まで、答案用紙を集めに来られる迄考え抜くように、粘りに粘る。

「面白い奴だな。わしを竹光で斬るつもりか。……わしを竹光で斬るつもりか。面白い奴だな。……どっちがいいかな」と、たまたま傍らに立っていた私に声をかけられたので、僭越ながら「後の方がいいと思いますが」とお答えした。

こういった言葉の前後とか、テニオハの一字でもおろそかにしないのは、どんな名シナリオライターでも同じなのだ。

いよいよ明日は、真田さんの言う「ゴング鳴った！　開戦！」である。

5

五月九日。この日は、余吾が奥の部屋へ飛び込み、刀を摑んでいきなり清兵衛に斬りつけるところから始まる。

それをどう撮ろうかと、山田監督は長沼キャメラマンに相談している。刀のアップが要るのではないか、刀はどこで抜くべきか、最初の一撃をどこで見せるか、清兵衛はいきなりそれをどう受けるか、などなど。

殺陣師久世浩さんは黒澤組でも古顔のベテラン。やっと出番である。

「こう抜きながらバーンッ！ と。それを、バン！ バン！ という風に」と、余吾の最初の一撃を張り切ってやってみせる。

真田広之さんは、何てったって、アクション・クラブで鍛えたプロ級の腕を持っている。どこからでも来い、といった調子で、

「僕はこう受けますから、構わず斬りつけて下さい」と、余吾の代わりを務める久世さんと正に丁々発止。

だが、田中泯さんは、舞踏なら世界的技だが、刀を振り回す立ち回りなんか生まれて初めてだという。

久世さんから「そこで右足を前に踏み出して、バーンッ！ と。そ、そ、その時、左足はここに来てないと」などと言われたって一度に全部覚えるのは無理というもの。

山田さんからは「余吾ぐらいなら燕《つばめ》を落とすことも出来るだろうからね」なんて言われるし。

台本を見ていた山田さんは、誰に言うともなく「この辺から音楽が入ってくると思うんだなあ。鎮魂歌……レクイエムだよな。……神よ許し給え、二人が獣になって殺

いよいよ、決闘の開始！

し合うのを……」と言われるが、ほとんど独白に近い。きっと録音の岸田和美さんは台本に書き込んだことだろう。監督ともなると、撮影をしながらも音楽の効果を考えるものらしい。

　そして、山田さんは急に我に返ったように、

「明と暗の世界だからね。これはビームは入らないの？」と中岡さんに訊く。

「入ってますよ」源ちゃんの大きな声。

　障子から入る斜光線が暗い土間を照らす。

　美術の細かな神経がセットの隅々まで質感をよく出している。

　それにしても山田組ではまだ、キャメラ移動を見ていない。ここらでいよいよ特機さんが移動車のレールでも運んでく

るのかと思うが、そんな気配もないので長沼さんに訊くと、「移動はしません。アレですから」と一方を指さした。

見ると、あった！　あの、スタディカムが！

スタディカムとは耐震装置完備の小型アリフレックスキャメラである。そのブレ防止効果は三十年位前からヘリ撮影に重宝されていた。つまり、そば屋の出前のバイクが、いくらブンブン飛ばしても後ろで揺れてる箱の中の丼は汁一滴こぼれない。あの仕掛けと同じようなものだ。と私は思っている。

オリンピックとか最近ではサッカーなどの速い動きを追いかける撮影に、今や欠かせぬ存在だという。

ただし、いかにも重い！　40キロはあるそうだ。私は思わず「大変ですね！」と長沼さんの顔を見ると、長沼さんは手を振って、

「ラクですよ、ラク。僕ぁ、やらないんだから」と笑った。そりゃそうだろう。この40キロを双肩にかついで走り回れる人は日本でも数える程だというから。

われらのオペレーターは金子雪生というお名前だ。こういっちゃ失礼だが、とても雪生さんというイメージとは逆の、朝青龍の如く堂々たる体格で黒ずくめの衣裳。迫力満点なのだ。

その金子さんが、よッ！　とばかりスタディカムをお腹で抱えるように持ち上げて

ベルトを肩と胴で固定する。さすがの金子さんも踏みしめた足下《あしもと》が心なしかよろめく程だ。
長沼さんはモニターにカブリつきで遠隔操作だから、たしかにラクといやラクだが自分で出来ない歯がゆさもあるだろう。
「金子さん、もっと下、下、下、あれ？」と身をよじっている。金子さんの方にもファインダーはあるから分かっちゃいるのだろうが、狭い部屋の中で40キロを抱いて走るのだから思うようにならないのだろう。
更に今日はもう一つ難題を抱えている。余吾の振り下ろす刀で、清兵衛の片袖が切れ、腕から血が噴き出すのが見える、という仕掛けである。言うは易く行うは難し。衣裳部さん小道具さんたちが知恵を絞ったのだろう。歌舞伎の引き抜きという早変わりの手で、真田さんが身をよけつつ自分で糸をひっぱり袖が裂けて口を開ける。腕の血が見える、という段取り。真田さんにはお家芸のようなものだから「まかせといて!」とむしろ嬉しそうに胸を叩く。

セットの裏で、真田さんを囲む衣裳、小道具、メイク、助監督の諸氏約五名。袖に引き抜きの糸を仕掛けるわ、袖がパクリと口を開けるように鉛の錘《おもり》を縫いつけるわ、袖が開いたら腕の血が見えるように血糊をつけるわ、で、お互いの手と手が絡むような騒ぎである。これだけでまず、三十分かかる。

なにしろ狭いセットだからスタッフは身の置き場がない。モニターの前では山田さん、長沼さん、殺陣師の久世さんなどが身をのり出して見守っている。

モニターはモノクロなので、なんだかサイレント時代のチャンバラを見るようだ。私などヨソ者はやはり遠慮して後ろに下がり、音声をたよりに首尾やいかにと手に汗握るのみ。

助監督さんが真田さんに段取りの確認をして「はい、どうぞ。本テス(本番に近いテスト)お願いします」と言う。「どうなるか分からないな」「回してみよう」「本番いってみよう」「金子さんの方、いいですか」などと、現場は俄に緊張する。

「よーい、スタートッ!」山田さんの声。カチンコの音。ヤーッ! ダーッ! どたどた！　と続き「カット！」と共に一せいにスタッフ関係者の声。「見えにくいなあ」「見えなかった？」「袖の切れたのが分からない」「引き方が足りなかったのかなあ」。

日ごろあれ程静かな山田組も、この時ばかりは喧喧《けんけん》ごうごう。スタッフをかき分け、中から真田さんが切れた袖を持ち上げながら出て来て「大丈夫。今度はうまくやるよ」と自信たっぷりにセット裏へ。それを追いかけて、衣裳部たち仕掛け班。

ああ、これからまた、三十分かかるのだ。

私は新幹線の時間が迫っていたので、ようやく佳境に入った現場に心を残しながらセットを後にした。

山田さんは、あれから袖の仕掛けを待って、再び祈るように一カットずつ撮影を続けてゆくのだろう。久しぶりに味わったあの喧噪と緊張感が、まるで昔住んでいた家の前に立ったように懐しかった。

私はタクシーの中で、その余韻をかみしめながら京都駅へ向かった。

（初出・『キネマ旬報』二〇〇二年九月上／下旬号）

『明日へのチケット』のためにキアロスタミの家を訪ねた

アッバス・キアロスタミ監督の家は、テヘランの北、アルボルズ山脈を背にした閑静な住宅街の中にある。私と通訳のゴルパリアン・ショーレが車から降りると、さっきから家の前をうろうろしていた若い娘二人が私達より先に門の中に入って行った。一人は向日葵の花を抱えている。明らかに追っかけファンだ。私とショーレは顔を見合わせ、しばし門前で待つことにした。しかし時には助け舟になる場合もあるので、ショーレがベルを押す。

するとすぐキアロスタミさんが、

「なんだなんだ、遠慮しないで入って来てよ」とでも言ってる感じで小走りに出て来て迎えてくれた。Gパンに黒の半袖Tシャツが体にぴったりで、サッカーのコーチといった若々しいスタイルだ。

そもそもイランにはイスラム教による禁制がいくつかあり、外人といえど女は頭に布をかぶり髪を見せてはいけない。どこでも禁酒。男女の間の握手も御法度である。とは言え、キアロスタミさんとは久しぶりの再会だ。お互いに両手を拡げて抱擁してしまった。

神よ許し給え。
　キアさんは先に立って家の中に入ったが私達は玄関脇のテーブルセットに腰をおろして庭を眺めた。私は土産に用意してきた金鳥《キンチョウ》の蚊取線香を出して火を点けた。庭には自然木が繁っているからだ。そこへキアさんがお茶とお菓子を運んできてくれる。私が蚊取線香を見せると、「ああ僕、これが欲しかったんだ」と言う。この辺が彼の優しいところだ。
　断わっておくが言語はすべてペルシャ語。但しショーレの通訳は神業で、通訳されている気がしない。まるで私はペルシャ語で直接話をしている気分なのだ。
　向日葵娘二人が満足気に出てきた。キアさんは愛想よく手を振って娘達を見送ると、私達に「さあ中に入るか、ここの方がいいか」とホストとしての気遣いが忙しい。写真家のサマディアンも来ていて、表で私達の写真を何枚か撮ってから中に入る。

家の中は木造で広いが、ガッシリした太い柱が支えている。メインは会議も出来る食事用の大テーブルだが、私達は隅の応接セットに、ショーレを中にしてインタビューの態勢をとった。ショーレには前もって質問事項は渡してあるので質問は短くする。

野上（以下N）『明日へのチケット』二度拝見しました。さすがは世界的な名匠三人がそれぞれ腕を見せてくれて面白かった。列車の中という限られた舞台に、様々な人生を積みこんで走る。この企画を思いついたのは貴方だと聞いていますが。

キアロスタミ（以下K）そうだ。これは最初、僕の企画だった。今の形とはまるで違ったものでね。僕が考えたのは旅人はフィックスで監督だけ代る。例えば僕が列車に乗りこんでコンパートメントに入ると六人の乗客が座っている。そこで僕はその六人で話を作って撮影し次の駅で降りる。入れ代りに次の監督が乗ってきて同じ六人で別の話を作るんだ。最初の話では夫婦だったのが兄妹になるかも知れない。同じ人物が見る人によって変る、このゲームっぽさが面白いと思ったんだ。僕の企画では先に脚本があるのでなく、まずキャラクターがあってそこから想像し、ストーリーを作るやり方だった。

しかし他の監督たちはそれぞれ独立した自分の映画を作りたがった。賛成してくれなかったんだ。

――忿懣《ふんまん》やるかたなきキアロスタミ氏。すると突然、相呼応するかのようにシャンデリア風の大照明の電気がバチン！　と切れ、部屋の半分が暗くなった。「どうしたんだ⁉」と立ち上るキア氏。写真家サマディアンがテーブルに上って電球を調べたりするが、とにかく電気屋を呼んでくる、と表に飛び出していった。

私は〝ま、いいじゃないの、話は出来るんだし、続けましょうよ〟と思ったがキア氏は落ちつかない。私、一寸待って、というゼスチュアをしてチョコレートをすすめてくれる。〝あーあ、イランの電気屋なんてすぐ来るのかなあ〟と待つうち、ショーレがキアさんを促してくれ、暗い中でインタビューを再開する。

役者を使うのも楽しいものだ

N　その他の監督さん、つまりエルマンノ・オルミとケン・ローチを選んだのも貴方だったんでしょう？

K　そう、オルミは僕だ。オルミと仕事をしたかった。とにかく彼に会いたかった。

N　え？　じゃあ、それまで会ったことはなかったんですか。

K　会ったことはなかった。今度はじめてオルミに会ったとたん、大好きになった。惚れてしまった。彼の映画『イル・ポスト』（'61）を昔見て感激したんだが、今度四十年ぶりにまた見た。今でもすばらしいと思う。でもオルミ自身は映画の何千倍もすばらしい魅力的な男だったんだよ！

N　ケン・ローチは？

K　ケン・ローチはプロデューサーのアイデアだった。

N　勿論、彼の映画は見ているでしょう？　初期のだけど『ケス』（'69）なんて素敵じゃないですか。キアさんの好きそうな映画だけど。

K　見てるさ、だからこそ心配だったんだ。オルミは人生を詩的に見ている。ローチはイデオロギーの目で人生を見ている。この二人はぶつかるに決まってる、と思ったんだ。

N　それでキアさんが間に入って、第二話を撮ったってわけね。

K　いや、結果的にそうなった。だってオルミは最初がいいって言うし、ローチは最後がいいって言う。僕に残されたのは、まん中しかないでしょう。二人とも僕より年上だしね。でも、これで正しかったと思う。

N　撮影中はお互に、他の監督の撮影現場を見に行ったりしなかったんですか？

K　ローチは絶対、見せてくれなかった。ちょっとでも覗こうとするとビーッて警報

が鳴る感じ。とに角、すごくきびしい人。その上エネルギッシュでなんでも自分でやらないと気がすまない人。衣裳だって自分で探すくらい。助監督に委ねときゃいいのに。

――そこへサマディアンが自分の車に電気屋を乗せて連れて来た。電気屋はインタビューなんて関係ないから、私達の前のテーブルに上ったり、傍若無人にドカドカ仕事をする。キアさんはもう、インタビューどころではない。ああだこうだ、と指図を始める。ショーレと私は「こりゃ当分ダメだ」と笑ってしまった。

やがて目出たく電気も点き、明るくなった。電気屋も梯子を抱えて退場する。キアさんも機嫌をとり戻し笑いながら始めた。

K　でも僕の撮影の時はお二人を呼んだんだよ。僕はお招き上手でしょ、だから、終りの方の場面で赤い服の美人が出る時、お招きしたんだ。ひとつには、この美人がローチの列車へ移って、ツナギの役にもなると思ったんだ。でもローチは美人には感激しなかったたな。

N　キアさんの第二話の中では、フィリッポが食堂車に行くと、ローチのに出ているサッカーファンの青年たちがいましたね。

K　僕はね、あんなもんじゃなくて、本当はもっとオルミやローチの役者を借りたかったんだ！　それなのに彼らはOKしてくれない。

N　まあまあ（と私は話を変えた）、キアさんのに主演していた太った夫人は巧かったですね。携帯を盗った盗らないで向いの男とけんかするところなんか面白かった。

K　シルヴァーナ・ドゥ・サンティス（夫人）は舞台女優。僕としては初めて他の監督なみにオーディションなんかして、約二十人の中から選んだんだ。台詞については書いたものは渡さなかった。その場で説明して台詞を教えて撮ったんだ。

N　いつもの様にね。

K　今度の仕事では、ふたつの面白い経験をしたよ。ひとつはプロデューサーの役目がないので、金の心配を一切しなくてよかった。乗客だってみんなエキストラを雇ったんだ。尤もその中からピックアップして、ちょっとした役をやってもらったりしたがね。

もうひとつは、プロの役者を使ったこと。プロを使うのも楽しいものだと思った。

N 青年の方は半分プロぐらいの人ですね。

K そう。フィリッポ・トロジャーノは、僕がイタリアでワークショップをしていた時の学生だ。映画も撮っていた。巧いプロと素人の青年のコンビがうまくいったと思う。

N ただ、この二人の関係が分かりにくい。始めは息子かなと思った。年下の愛人にも見えるし、と。

K 最初のうちは客にも分からない関係にするつもりだった。はじめから分かってると飽きちゃうだろう。僕ははじめ、男が夫人に恋してるが夫人の方はなんとも思っていない、みたいにしたかった。

N 解説には、青年が兵役義務の一環として将軍の未亡人を世話する役、とか書いてあったけど、分からなかったなあ。

K イランにも同じような制度があるから分かるけどね。

N ただ夫人が着替えるのを手伝うシーンで、彼女が青年に散々悪態をつくでしょ、だからお仕えしてる身分なんだと思った。あのサッシごしのワンカット、会話も面白かったし、サッシに流れる光線がよかった。

K　本当はね、僕が作った台詞はもっと面白かったんだ。シルヴァーナは着替えに夢中で、言い忘れたんだな。終ったあとで通訳から聞いて分かった。残念だった。

言葉を超えて通じる

――そこに玄関のブザー。サマディアンが「ジャポネ?」とか言うので分かった。今回のシンポジウムに同行の、木村大作撮影監督とプロデューサーの井関惺《さとる》さんがインタビューの終る頃を見計って到着したのだ。キアさんは早速出迎えて英語で何やら話している。井関さんが「まだ終らないんスか」とのぞきこんだので「身内は邪魔しないで」と追い出す。キアさんも一緒に庭に出たまま戻ってこない。サマディアンも何やら大事そうにグラスを持って庭へ出た。すると今度は大作さんが顔を出しグラスを私に見せて「おいしいよ! 久しぶりのウィスキーはウマイなあ! アハハ」という。外人客用の隠し酒らしい。こっちだって一週間、禁断症状なんだ。さ、早く始めよう。

N　キアさんの話のラストで、駅に降りた夫人が鞄に腰を下ろして途方に暮れてるカット、よかったですね。

K そうだろ。僕は汽車を降りた夫人の後を、キャメラで追って続きを撮りたかった。シルヴァーナがあんまり巧かったので、続きの話を長篇にしたかったんだ。今まで脚本なんてまともに書いたことのない僕がだよ。完ぺきな脚本を書いて提案したんだ。面白いエピソードが一杯入ってるヤツを。ところがそのためにはこの映画の権利も買わなきゃならない、無理なんだな。でもまだ未練がある。今でも心の底から作りたいと思っている。

N するとキアさんは、この映画は成功しなかった、と思ってるわけ？

K 結果的に三本の映画になってしまった、というところがね。僕はね、この映画の監督は飛行機のパイロットみたいにやるべきだって言っていた。つまり飛行機の乗客はパイロットが交代しても気付かないように、映画の観客も監督が代ったことに気が付かないように撮ろう、て提案したんだが受け入れてもらえなかった。

N うーん、でもそれはむずかしい。やっぱり映画は飛行機とちがって〝無印良品〟とはいかないでしょう。むしろ、監督が誰か分かるほど面白いのではないですか。この映画だって、三人三様の個性が一本になっているから面白いんじゃないかなあ。

K いや撮った時は失敗だと思ったが、イタリアの試写の時、記者たちが、ひとつの映画を見るようにうまく出来ている、イタリアの文化や習慣もよく分かる、と褒めてくれたので安心した。それでキャラクターをうまく生かせば言葉を超えて通じるんだ、と思った。

N 次はぜひ、キアロスタミ監督一人で、長篇を撮ってほしいです。すでに準備中とか？

K ジュリエット・ビノシュの主演ものを考えている。彼女のOKはもらっているんだ。

N それは楽しみですね。ありがとうございました。モテシャケラム（ありがとう）！

——ここで表の日本人二人と、後から来たプロデューサーのショージャさんに、インタビューは終った、と告げて中へ呼び入れる。キアさんが、レストランじゃなくここで出前をとっていいか、と聞く。勿論賛成だ。イランの出前ときたら日本のテンヤもののの比ではない。大皿にシャシリックやサラダがダイナミックに届くのだ。しかもそれらはタクシーに頼んで運ばせるのだ、と愛国者ショーレは誇らしげに言う。そういえば街中で出前屋のバイクなど見かけない。通りは溢れるほどの車が神風のように突進しているのみだ。

やがてタクシーが届けてくれた数々の豪華なイラン料理の皿が、大テーブル一ぱいに並べられる。イラン人はこれを一滴の酒もなく、いきなり食べ始めるんだから全く気が知れない。大作さんと私は、サマディアンにウィンクして隠しウィスキーのオン・ザ・ロックを貰う。大作さんは「俺、別に飲んべえじゃないんだけどねえ」と言い訳をしながら飲んでいる。彼が初めて黒澤組についた時の失敗談など話すと、皆、手を叩いて大喜びだ。

でも、スーツがない!!

私はキアさんに、彼が初めてカンヌへ行った時の話を大作さん達にも聞かせて、と頼んだ。キアさんは話が巧いので何度聞いても可笑しいのだ。

それは一九九二年、彼の『そして人生はつづく』がカンヌに出品された時のことだ。イラン映画が各地の映画祭で漸く注目され始めた頃である。

K ホテルのロビーで君と座ってたんだよな、（と隣のショージャさんと顔を見合わせて笑う）そこへジル・ジャコブ（委員長）から電話があって「今夜空いてるか」「ヒマです」「十時にカールトンホテルに来てくれ」って。傍にいた記者たちが「今日はロッセリーニ賞の日だ。あんたが貰うんだよ、きっと」っていうんだ。そこへまた電話で秘書から「ホテルにはちゃんとしたスーツで来て下さい」だって！　そんなの持ってる訳ないよ。Gパンにジャンパーで来たんだもの。（イランでは背広ネクタイ姿は見ない）これは大変だって、街に買いに出たが日曜で店はみんな休みさ。一軒の洋品店の中に店主らしいのが見えたから窓を叩いて開けてくれ、といっても駄目という身ぶり。「大変なんだ、ロッセリーニ賞もらうらしい、ロッセリーニ知ってる?」と叫ぶが知らないという。そこへ向うから赤い上着を着た男が歩いて来たので「すみません、僕、今日、賞をもらうんでその上着を貸してくれませんか」と頼んだ。やっと分かって赤い上着を脱いで僕のジャンパーと交換してくれたんだ。助かったけどネクタイがないんだよ。

さっきの洋品店のオヤジさんが窓ガラスごしに僕たちの一部始終を見てたんだね。戸を開けてくれたけど女性専門店でネクタイなんかない。そしたら、そのオヤジさんが自分のネクタイを貸してくれたんだ。もう十時十五分前だ。僕は、赤い上着も明日この店に返しに来る、って言ってカールトンホテルに走った!

ジル・ジャコブが待ってたよ。でもまだ発表できないから階段の下で待っていてくれ、と言う。名前を呼ばれて舞台へ上った。娘のイザベラ・ロッセリーニさんがいた。なんだか書いたものを貰って下へおりると、一せいにカメラに囲まれ、記者たちが口々に感想を聞くんだ。「ロッセリーニの作品の中ではどれが一番好きか?」なんてね。ところが僕はロッセリーニなんて一本も見たことがない。ジョージャさんの方へじじり退ってペルシャ語で助けを求めたが分からないんだ。仕方なく「全部好きだ」というと「でも特に一本だけ彼の傑作をあげるとすると?」なんて聞くので「僕はロッセリーニの最高傑作は、あそこにいる娘さんのイザベラだと思う」って答えたんだよ。

爆笑につぐ爆笑。私達は酒もないのに大いに盛り上った。するとショージャさんがひょうひょうと一言。

「君が舞台に上った時、僕の周りの人が服装のセンスがいいって褒めてたよ」というのでまたも大爆笑。

これだから私は、キアロスタミを愛さずにはいられない。

（初出・『キネマ旬報』二〇〇六年十一月上旬号）

文庫版付録

クロサワの素顔と撮影現場――NHK BS2番組より

野上照代が黒澤映画に参加したのは、黒澤明十一本目の作品となる一九五〇年（昭和二十五）の『羅生門』が皮切りだ。以降、最後の作品となった『まあだだよ』に至るまで、十九本の黒澤映画に参加した。

野上が克明に書き残した多くの記録から、黒澤映画の映画製作のスタイルや現場の雰囲気がいきいきと伝わってくる。本番組ではこうした記録をもとに当時の俳優や映画スタッフらと、名シーンが生まれた製作現場や忘れられないエピソードを振り返る。

＊NHK BS2 没後10年黒澤明特集『よみがえる巨匠の製作現場～野上照代が記録した19本の黒澤映画～』（ディレクター・牛山真一、二〇〇八年九月五日放送）をもとに原稿を作成した。

三度の火事を乗り越えた日本映画の奇跡――『羅生門』

一九五一年、ヴェネチア国際映画祭でグランプリを受賞した『羅生門』。この作品によって黒澤明の名は世界中に轟くことになった。野上がスクリプターとして黒澤作品に参加した最初の作品でもある。大映京都撮影所での撮影が終わり、編集作業をしているとき、忘れられない事件が起きる。録音助手を務めていた紅谷愃一《べにたにけんいち》（録音技師）と事件を振り返る。

公開を四日後に控えた一九五〇年八月二十一日、撮影所で火事が発生した。

野上　編集室のすぐ一つ横で火が出たんですから。そのときは、黒澤さんは「ネガを出せ！　ネガを出せ！」と叫んでいました。火が出た建物は全焼したけど、フィルムは無事だった。それで翌日から仕上げの録音を始めようってときに、録音スタジオで火が出たの。

紅谷　なんとか鎮火してボヤに収めた。公開に間に合わせるために、徹夜で録音機械を組み直して、ダビングをして。そのあくる日かな。

野上　そうよ、そうよ。

紅谷　今度は映写室から火が出た。僕がダビングマシンで見ていたら、絵がピュッと止まった。あれっ？　て。それで真っ白になってコマ止め状態。
野上　フィルムが可燃性だから、ちょっと止まるとすぐに。
紅谷　ぶおっと火が出る。
野上　私、見てたわよ。映写画面（機？）の真ん中がね、赤く火がボッとつくの。メラメラメラメラっとくるのね。
紅谷　消火器であわてて消したわけ。それじゃ追いつかなくて、バケツリレーで水をかけていった。そのうち気持ち悪くなってきて、途中で意識不明になって……。
野上　医務室の前に、ゴザに寝かされて。
紅谷　気がついたら、そこで寝かされてましたよ。
野上　世界に誇る『羅生門』が、ですよ。こんなことはあり得ない。あとで火事のことを話しても、誰も信用しないじゃない、悔しいのよ。二十一日、たしかにセットが燃えたんだから。そう、第二スタジオ。翌二十二日がダビングのボヤ。二十三日が映写室。（野上が残した記録や新聞記事を見ながら）
紅谷　うん。
野上　それでも、必死に仕上げて二十四日にはプリントが上がった。そのまま夜中の汽車に乗って田中徳ちゃん（田中徳三、助監督のち監督）が大映の本社へ届けたの。夜中に届けて、翌二十五日早朝から大映の試写室で永田社長たちが観た。その午後は帝劇でロードショー、二十六日から一般公開。よくやるねえ……。

紅谷　本当、よく間に合わしたよね。

野上　間に合わなかったら、あの『羅生門』のグランプリもなかったんだから。

紅谷　そうそう。

野上　うん。だからもう奇跡なの。

紅谷　奇跡。

野上　偶然と奇跡の。まあ信じられない。黒澤さんにとっても不幸中の幸いだったんでしょうけど、日本映画にとっても幸運だった。あれ（羅生門）が出なかったら、映画史が変わっちゃうんだから。ヴェネチアでグランプリっていうとこから、日本映画が変わったんだもん。

紅谷　注目されるようになったんだもん、世界から。

野上　そうそうそう。初めての快挙ですからね。

三船を震え上がらせた命がけの撮影──『蜘蛛巣城』

黒い雨が降りしきる中での決闘シーンが鮮烈だった『七人の侍』（一九五四年）以降、黒澤は複数のカメラで同時に撮影する方式をすべての作品に採用した。『蜘蜘巣城』（一九五七年）で、三船敏郎演ずる鷲津武時が矢の集中攻撃を浴びるシーンでは、二台のキャメラと一〇〇〇ミリ超の望遠レンズを駆使して、迫力ある絵づくりに挑んだ。

野上　流鏑馬《やぶさめ》の名手やら大学の弓道部員が本当に射ってんだからね。望遠で撮っているから、実際は矢が突き刺さる塀と三船さんの距離はずいぶん離れている。距離が詰まって見えるだけで危なくないって言うんだけどね。でもねえ、もし手もとが狂ったら……と思うと。保険もかかってないしね。恐ろしい話だけど。

三船の首を矢が貫く衝撃的なカットは、ストップモーションを組み合わせて撮影された。このカットは野上のアイデアが採用されたものだ。

野上　矢が飛んできた瞬間までは本物の矢を使って、そこからストップモーションにつなぐわけ。いったんキャメラを止めて、三船さんも直立不動のままで、ハマちゃん（浜村幸一、美術部・小道具）たち小道具があわてて首に矢をくっつけてさ。それで、矢が首を貫通したようになるのよ。三船さんも、いくら静止しているつもりでも、（シーンをつなぐと）グキッと動くでしょ。それがいかにも当たったみたいに見える。

だけど、私、何回見てもおかしいのは、三船ちゃんがさ、小道具さんが仕掛けをやりやすいように、降りてくるころから、こう首伸ばして降りてくるの（笑）。私は知ってるから、余計そう見えちゃうんだけど。

矢に貫かれた三船が倒れるカットは、カメラの撮影スピードを細かく変えながら撮影している。通常二四コマのところを四〇コマとスローモーションを使い、アクションを強調した。

野上　これは黒澤さんと三船さんの関係でしか成り立たないシーンですよ。他の俳優だったらまあまずやらないだろうし、怖くてできないですよね。だけど極端に言うと、もしこれで当たってもいいぐらいの二人の信頼関係がなかったらできない。三船さんだって黒澤さんに「いやー、これは」とは言えないでしょう。黒澤さんも「大丈夫だ、さんざん芝居つけてんだから」って言うし。

三船さんは、ただ怖いだけじゃなく、芝居があるんですからね。台詞だってある。でも、やっぱり本当は怖かったらしいですよ。撮影日までは毎晩B29が襲ってくる悪夢を見て、「まだ終わんないのか、まだ終わんないのか」ってつぶやいていたっていうからね。

冒頭から観客をわしづかみにしろ——『用心棒』

『用心棒』（一九六一年）の野上の台本には、「とりたし」（撮り足し）と記されたページがある。シーン8の「馬目宿《まのめじゅく》」、ヤクザ同士が対立する宿場町に、三船敏郎演じる浪人桑畑三十郎がやってくるシーン。宿場町の異様な雰囲気を観客に印象づけるために、黒澤は急遽、人間の手首を咥《くわ》えた犬を登場させることにした。助監督を務めた出目昌伸《でめまさのぶ》（のち監督）と振り返る。

出目　シーンを撮り足すにあたって、黒澤先生が「なにかアイデアはないか？」ときたんだけど、余計なこと言っちゃ怒られるぞみたいな感じで、みんな黙りこくっちゃった。

僕は末席にいたものだから、最後に監督の目に留まって。やっぱり言わないといけないのかなと思ってね。「馬目宿の四つ角に黒い塊がある。三十郎が通りかかると、その黒い塊がわーっと飛び上がる。黒い塊はじつはカラスで、飛び立った後には、いくつもの死体が横たわる死屍累々の光景が広がっていた……というのはどうでしょう」と。今思えば、えらそうによう言ったなあと思うね。

野上　よく考えたよ。とっさに考えたの？

出目　そうするしかないもん。とっさに言われたんだから。でも、先生はちゃんと考えてくれた。例の、眉毛をこうしてさ（人差し指でハの字をつくる）。

野上　あっはっは。

出目　中空を見て、ずーっと考えていた。そのあと出た言葉は「俺が考えてんのはそういう文学的な表現じゃねえんだ」と。

野上　出目さんの案は、文学的すぎると。

出目　（目の前で握りこぶしをつくりながら）もっと即物的に、ギュッと客の心をつかめ、と言うわけですよ。

野上　そうだ。いつものしぐさですよ。

出目　映画が始まって一〇分以内に客の心をつかめって、しょっちゅう言ってた。その手でギュッとつかめと（握りこぶしを前に突き出す）。

野上　つかむのが好きなのよね。

出目　結局、冒頭で人間の手首を咥えた犬が登場するシーンが撮り足された。その後に、バーッと男（ジェリー藤尾）の腕を斬り落とすシーン。あの場面で、お客はもう文句なく乗っちゃうんだよね。ああいう大衆的というか、表現力がものすごく……。

野上　上手《うま》い。

出目　黒澤さんは「映画というのは時間芸術だ」と言うんです。音楽と一緒だから、途中で切ったり、戻ったりできるもんじゃないと。本なら、前のページに戻って読み直すこともできるけど、映画は絶対できないと。だから、あの、あくまでも時間の流れの中で、客の心をがっつりとつかんでいかなきゃいけない。その考えがすべての表現のもとになっていましたね。

黒澤の映画づくりは、気の遠くなるような時間をかけることでも知られる。『用心棒』で無宿者の瘤八《こぶはち》を演じた加藤武と撮影現場での思い出を振り返る。

加藤　『用心棒』の最後の決闘シーンは本当に大変だった。死んでいるシーンのためだけに、一週間通ったんだっていうから。撮影現場に入って衣装に着替えて、あとは日がな一日死んでいるだけ。

野上　待ち時間が長いから、みんな集まっていろいろ話したよね。

加藤　そのうち、「なにが世界の黒澤だ！」「冗談じゃないよ！」なんて始まっちゃった。俺たちは子分だったから、ドキドキしながら聞いてんだ。そうしたら、ガラッと戸を開けて、黒澤さん入ってきちゃった。そうしたら、山茶花《さざんか》（究）さんが「冗談じゃな……おはようございます！」って。その変わり身のすごさ。それで俺たち、はって面食らっちゃって。

野上　あっはっは。

加藤　あのときの山茶花さんの切り替えは、すごかったね。クールを演じさせたら右に出る者がいないぐらいの名優だったけど、そんなユーモラスな一面があった。

野上　その事件があって以来、みんなが集まって悪口言いながらガヤガヤやっていると、山茶花さんが急に「あ、おはようございます！」って言うようになったの。

加藤　皆また、ドキッとする。実際は誰もいないのに。

野上　そう。みんなを驚かせて、楽しんでるの。

加藤　そうやってからかってね。みんなで大笑いして、おかしかったなあ。

野上　あっはっは。

加藤　それから加東大介さんも、心のあたたかい方でね。『用心棒』で、俺と対立するシーンがあったんだけど、芝居がまずいと黒澤さんがハンドマイクで「加藤！」なんて怒るんだよ。そうしたらね、加東大介さんがね「すいませーん！」って謝ってくれちゃうの。

そうするとね、監督がまた怒るんだよ。

野上　あっはっは。

加藤　加東さんに、あわてて「違う違う、加藤って僕のほうなんです」って言ったりして。本当にいい人でした、あの人。

野上　本当ね。

加藤　加東さんの返事もよくてね。ちくしょう！　って思いを込めながら「はーい！」って言うわけよ。

野上　恨みがこもってるの？

加藤　そう。恨みがこもってる（笑）。監督も役者も必死ですよ。この野郎！　っていうギラギラした気合いがあの画面に凝縮されてんだね。黒澤組に出していただいたおかげで『用心棒』では西村晃ちゃんとコンビを組ませてもらったし、志村（喬）さん、三井（弘次）さん、千秋（実）さんのような綺羅星《きらぼし》のごとくの名優たちと一緒に仕事をすることができたのは僕の誇りですね。

本物の真剣勝負から生まれた対決シーン――『椿三十郎』

『椿三十郎』（一九六二年）での三船敏郎演じる三十郎と、仲代達矢演じる室戸半兵衛の殺陣シーンは、仲代の胴体から天高く血が噴き出す衝撃的なシーンだった。助監督を務めた出目昌伸は、血が噴き出すタイミングを指示する重要な役目を任されていた。

野上　対峙する二人が着物の袖から手を出してから、私が三十秒間のカウントを始めたんだよね。

出目　そう、のんちゃん（野上）が秒を数えた。だけど、黒澤さんは二十五秒で「カウントやめろ」って言って、いきなり「本番！」って叫んだものだから、刀を抜くタイミングは二人に完全に委ねられた。途端に、両雄とも目が吊り上がって、すごい緊張感が走った。

野上　うん。

出目　でも、本当なら、のんちゃんのカウントに合わせてやってりゃさ、簡単でしょ。簡単っていったらおかしいけど。

野上　でも、それだと、かえってうまくいかないんだろうね。

出目　そう。そのおかげで、恐ろしいような間が生まれたわけだよね。あのシーンでは、仲代さん演じる室戸半兵衛の左手が僕の位置から見えるはずだった。あの手が動いたら、血を噴き出させる合図を送ろうと思っていたんですよ。ところがね、本番になると、両雄が緊張してるのか、立ち位置がダブって左手が見えなくなっちゃった。

だから、途中であきらめたわけですよ。でも、そのとき三船さんの手がチラッて動いたのが見えたんですよ。白く見えた。あの人、わりと肌が白いから。

野上　ああ、そう。

出目　それを見た瞬間、今しかない！　と思って蹴飛ばしたわけよ。

野上　ふふ。
出目　そうしたら、斬りつけると同時に、血糊《ちのり》がバーッと噴水のように吹き上がってね。
野上　もうあれは二度とできないよね。
出目　あれはもう偶然が生んだ奇跡に近いね。

映画に生命を吹き込む縦横無尽の編集――『天国と地獄』

黒澤の映画づくりは、現場で俳優やスタッフをとことん追い込んで、素材を撮影することから始まる。そして、自らおこなう編集作業によってフィルムに命を吹き込んでいくのだ。黒澤の編集の腕が冴えわたったのが、誘拐事件を題材にした映画『天国と地獄』。特急こだまを使った身代金受け渡しシーンの撮影は、全車両を借りきり、八台のカメラを駆使しておこなわれた。

黒澤の編集室に入れるのは、野上と編集助手のみ。編集に集中する黒澤の気迫に押され、他のスタッフがこの部屋に入ることはできなかった。

野上　もう緊張しっぱなしですよ。それはもう集中して編集作業におよんでいるから、カタッと音を立てるのもゆるされない。余計なことに気を削《そ》がれたくないのね。だいたい本人は一人でやっている気分だから、まわりは透明人間よ。

「俺は編集の材料を撮ってるんだ」ってよく言っていました。とにかくできるだけ撮って材料を集める。ただ、やみくもに回しているわけじゃない。監督の頭には構想がある。ふつうは現場で撮って監督の演出は終わりなんでしょうけど。黒澤さんは、できあがったフィルムという材料を見て、さらにそのなかのいいところを巧みにすくい上げていく。もう一回、演出するわけですよ。そこで初めてコンテが完成するんです。

野上の台本には、カメラの位置やレンズの種類、絵コンテ、テイクのポイントなどが詳細に記録されている。編集の場で黒澤が求めるカットをすばやく出せるようにするためだ。

野上　たとえば、一つのシーンを三台のキャメラで撮っていたらね、AがロングBが誰かにつけてパン、Cがクローズアップというふうに使い分けていくわけです。さらにキャメラのポジション変えて、何回も繰り返すからね。同じシーンの芝居がいくらでもある。

だから、一つの芝居でもいくつもの映像をぜんぶ俎上《そじょう》にあげてじっくり選ぶわけです。それで「あれを出して」「これとそれを合わせて」とやっていくわけです。

『トラ・トラ・トラ！』『どですかでん』そして自殺未遂

一九六七年、黒澤が監督を務めるハリウッド合作映画『トラ・トラ・トラ！』の製作が発表される。太平洋戦争開戦を日米双方から描く大作に、黒澤は並々ならぬ意気込みで臨んでいた。ところが翌年十二月、思わぬ事態になる。新たなスタッフで始まった撮影は開始から一カ月も経たないうちに監督解任となったのだ。その原因は、黒澤の映画づくりに、アメリカの映画会社が理解を示さなかったからだといわれる。

これ以降、黒澤の映画づくりはぴたりと止まる。苦しんでいた黒澤がやっとの思いで製作にこぎつけたのが、一九七〇年の『どですかでん』。一九六五年の『赤ひげ』以来となるこの映画には、いつもの黒澤組の面々が集まった。

クランクインはシーン2、電車バカと呼ばれる六ちゃん（頭師《ずし》佳孝）が架空の電車を運転する場面から始まった。野上たちは五年ぶりに黒澤の「用意、スタート」の声を聞いた。

野上　感動的な第一声でしたよ。シーンとした中に黒澤さんの潤んだような声が響きわたって、みんなも「やっと撮れるようになった」っていう感慨が深かった。黒澤さんはデリケートな神経の持ち主だからやむをえないけど、やっぱり『トラ・トラ・トラ！』の痛手は相当にあったような気がしますね。なんとか挽回してやるという気持ちがあったと思いますよ。

架空の電車を運転するそぶりをするシーンを六ちゃんはずいぶん稽古しました。それこそ、まわりのスタッフにも電車が見えるぐらいになるまで。だって三分十八秒っていう長いカットなんですよ。

撮影日数は二十八日間の小品だった。クランクアップのあと、黒澤はロケセットにしばらく佇んでいたという。

野上　撮影が終わった最後の日、セットにぼんやり立って「これで、たんばさん（渡辺篤）とも六ちゃんとも会えないなって思ったら、とっても寂しくなった」って言うのよね。ご本人がおっしゃっているように、センチメンタルな方ですから。

これは余談ですけど、いつだったか忘れたけど、黒澤さんと二人で夜の新宿を歩いていたら、雨が降ってきたんです。そうしたら、「飲みたくなったなあ」って言うんです。「どっかこのへんの店知らない?」って聞くから、「そこに『どん底』ってよく行く店がありますよ」と言ったら、そこに行くことになったんです。途中で黒澤さんがお財布を持っていないことに気づいたので、「どん底ぐらいならおごりますよ」って言ったの。「でもねえ、のんちゃんにおごってもらうのはねえ……」ってうじうじ言ってたけど、結局飲みたいから二人で入ったの。

店に入って、上からポタポタ雨漏りしているカウンターに座って。そういう状況だったからかもわかんないけど、カウンターで「みんな僕のことをヒューマニストとか言うけどね、本当のことを言うと僕はセンチメンタリストなんだよ」って言っていたのをよく覚えています。本人が言ったのよ。私が言ったんじゃない。でね、「センチメンタルじゃないやつなんて付き合えないよ」なんて言ってましたけどね。彼の本質ですよね。

それから一九七一年十二月、野上のもとに衝撃的なニュースが飛び込んでくる。

野上 その日、私は京橋にあるサン・アドっていう広告会社にいたの。朝仕事してたら、東條さん(東條忠義、CMディレクター)ってエースが血相変えて、私の机の上に新聞を置いたの。それで「のんちゃん、大変なことになってるじゃないか!」って。

それで初めて知った。

その新聞は黒澤の自殺未遂を伝えていた。

野上　理由はわかんないですよ。自殺すると、みんなわかったような理由をつけるけど、本人以外はわからないと私は思ってますけどね。自殺っていうのは、個人的な思いだから。まわりで解釈することじゃない。

ただ、外国人の新聞記者は遠慮しないから、会見のときに「どうして自殺なさったんですか?」って質問をよくしていました。

だって、このへんの（首をさすりながら）傷跡がすごいんだもん。ああ、ずいぶん深く切ったんだなと思いました。黒澤さんは毎回、同じ返事していましたよ。「もうあのときは、僕はとにかく一分一秒も生きていたくなかったからです」と。なぜ生きていたくなかったか、それは言わないけれど。

監督生命を賭して過酷な撮影に――『デルス・ウザーラ』

一九七一年の自殺未遂から、映画を撮れずにいた当時六十三歳の黒澤に手を差し伸べたのはソビエトの映画陣だった。黒澤はシベリア探検を記録した「デルス・

ウザーラ」を原作にシナリオを執筆する。

一九七四年五月、黒澤と五人の日本人スタッフは、ソビエトのスタッフととともに撮影地入りする。八カ月間にわたる撮影が始まった。黒澤は、夏は気温三〇度、冬は氷点下四〇度という過酷な自然条件の中、自らの映画づくりを追い求めた。

野上 向こうは世界のクロサワにソ連の自然を撮ってもらえると思ったんだろうし、黒澤さんは製作に関しては一任してくれるということだから、OKしたんだと思いますよ。でも、いろんな面で相当我慢したと思う。これで失敗したら大変だ、という気持ちがいつもあったんじゃないでしょうかね。

撮影は、大変を超越していましたよ。だって、フィルムがASA40ぐらいで、今の五分の一もない。現像にしても何にしても大変なんだから。それに70ミリのキャメラが、もうバカでかいんだよね、ロシアの大男が三人で抱えるんだから。それが二台か三台でしょ。ライトだって古くて、大きくて重たい。相当我慢しないとできない撮影ですよ。

精神的にも肉体的にもギリギリの状態にあった黒澤は、食事も喉を通らず、酒の量ばかりが増えていった。野上の撮影日誌には「K（クロサワ）、風邪中止」「K、貧血で帰る」「K、具合悪く休」といった記述が増えていく。

野上　ホテルへ帰ったら、私が料理をつくったんですよ、黒澤さんの分もね。朝に市場に行って、ヒラメの頭なんか魚を買い求めて、おつゆをつくったりして。だんだん調味料や調理道具が増えていって、私の部屋は台所みたいになっちゃった。

野上の楽しみは、黒澤との食事の後、日露のスタッフたちと飲むこと。それが息抜きの時間だった。

野上　ロシア人っていうのは例外なく酒飲みですからね。私のところに外国人用のウォッカが入るものだから、集まってくるんですよ。酒を飲んで歌をうたって、やあやあと騒ぐわけです。
もちろん黒澤さんとも飲むのよ。日本人用の部屋も用意してもらったから、日本人スタッフだけで食事して飲むの。でも食べ終わったら、みんなソワソワしてどっかに行っちゃうわけよ。
でも、この歳になって思うのは、やっぱりあのとき黒澤さんは寂しかっただろうなって。みんなが出ていった後、一人で部屋に帰って寝たのかなあ……とか思うとね。かわいそうっていうのはちょっと失礼だけど、悪いことしたなと思いますよ。あの頃は、私も今よりも若かったから、仕事の後は先生をほっぽりだして遊んでいた。今だったらもっと親切にしてあげたのになと思いますね。

野上の台本には、日本語の台詞の横に、ロシア語の台詞が書き込まれている。黒澤は通訳の意見を聞くことなく、俳優の芝居にOK、NGを出していた。

野上　黒澤さんに言わせると「俳優の顔を見ていればわかる」。探検隊長アルセーニエフ役のサローミンさんが「黒澤さんはどうして自分のロシア語がわかったんだろう？」って首を傾《かし》げると、「失敗したときは失敗した顔しているんだ」なんて言ってましたけどね。

どこで撮っても、黒澤さんは自分のスタイルは変えられないし、変えないんですよ。だから、契約上の取り決めがあっても、黒澤さんは自分のスタイル、自分のやりたいようにしかやらなかった。

でも、あの悪条件下で、あの環境で映画を撮り終える――それはもう大変だと思いますね。あんな素晴らしい映画ができたのは、あの方の才能というか、意地だったと思います。これが駄目だったら……っていう頑張りだったのか。とにかくすごいと思いますね。ふつうじゃできない、あれだけは。

『デルス・ウザーラ』は、一九七六年アカデミー外国語映画賞を受賞し、黒澤は世界に健在ぶりを示すことになった。

野上　喜んでいましたよ、その知らせを聞いて。ほっとしたんじゃないかな。黒澤さんも「俺はとにかく運が良くて、もう駄目だと思うと救いの手がくるんだ」とおっしゃっていた。運のいい男だ、みたいなことはおっしゃったことありますよね。

後期の傑作が生まれていく転換点——『影武者』

一九七〇年代後半、野上はスクリプターだけでなく、黒澤組で製作全般を補佐するマネージャーの役割を担うようになる。『影武者』の映画化が遅々として進まなかった時期、黒澤はその焦燥感を絵筆にぶつけ、二〇〇点もの絵コンテを描いていた。野上はその絵コンテを持って、資金集めのために企業を駆けずり回った。

野上　とにかく『影武者』を進めなきゃならない。私が（監督の）代わりにあっちこっち話をして回った。いろんな人が、いろんな会社を紹介してくれましたよ。でも、私は現場ばっかりで、製作予算だの保険だのはわからなかった。ただ、黒澤さんの絵を見せて必死に説得していました。一時は大きな鉄鋼会社が付きそうになったんだけど、契約を詰める段になると、私が素人だから話が嚙み合わない。向こうもこれじゃ心配でしょ。結局、東宝になったんだけど。

そういうときね、黒澤さんも長年の苦労の経験があるからか、すごく勘がいいのよね。私が「この会社はいけるかもしれないですよ」って伝えるとね、「のんちゃんね、あれは駄目だよ、きっと」なんて言うの。それで、ほんとに駄目なんだよね。自分が直接、お偉いさんたちに会ってるわけじゃないのよ。私の話聞いて「のんちゃんね、駄目だね、きっと」なんて言って。当たるんだよ、これが。やんなっちゃったけど。

一度は流れかけた『影武者』だが、黒澤を敬愛するフランシス・コッポラやジョージ・ルーカスらの協力もあって製作が決定する。『影武者』以降、黒澤映画のほとんどは海外の映画陣の協力を受けて製作されるようになっていった。一九八五年に製作発表された『乱』は、フランスの映画プロデューサー、セルジュ・シルベルマンからの資金援助によって実現した。

野上は『乱』への出資を決定する交渉の場に立ち会った。

野上　興味はあるけど、お金を出すか出さないかはまだ決められないという段階でした。なぜ決めかねているかというと、黒澤プロダクションはどれだけ完成を担保できるのかという話なんですよ。外国の場合、それが重視される。だから、製作完成保険ってものまである。その保険を掛けなきゃできないのよね。保険料だけでも莫大な金がかかる。

ホテルだったかな、豪華な一室で関係者で食事をしたのだけど、シーンと静まり返っていて、そのなかでカチカチと食器やカトラリーの当たる音だけが響くの。相手側は七、八人いたのだけど、頭の中では「この黒澤というタレント（才能）に、二十億の金をかけていいのか」と値踏みしていたのだと思う。その静かな静寂が不気味だったことを覚えていますね。それが彼らの仕事。もう彼らは情け容赦なく計算しますからね。

最後まで自らの生きざまを映画に刻みつけた

海外の出資による映画製作はさまざまな条件を詳細に決めねばならず、黒澤の映画作りは五年に一本というペースになっていた。『影武者』『乱』で主演を務めたのは仲代達矢だった。

野上　『用心棒』『椿三十郎』『天国と地獄』に出演されてきて、十七年ぶりに『影武者』で主役を果たされましたよね。

仲代　はい。

野上　『デルス・ウザーラ』を撮った後だったでしょう？　変わったと感じませんでしたか？　私は監督の芝居のつけ方が変わったような気がするの。

仲代　そうですか。

野上　だって、以前は自分でやってみせたり、こまかく言わなかったでしょ？

仲代　ええ。

野上　『影武者』の最初の三人のシーンなんて、そこは息を抜いてどうって一つひとつこまかく教えていたじゃないですか。あんなことはなかった。要するに自分のイメージ、芝居も全部決めるようになった。演技指導っていうか、注文ですよね。それでキャメラが回っている最中も、俳優と同時に台詞を言ってるからね。

仲代　言っていました（笑）。リハーサルのときに目が合ったりするんですよ。そうすると、監督も芝居してるんですよね。その瞬間、目が合っておたがい照れたりして。

野上　口をパクパクして台詞言ってるんだもんね。自分で書いてるから、覚えてるんだろうけど。

『デルス・ウザーラ』の撮影で言葉が通じなかったから、芝居を全部決めたのよ。監督が自分でやってみせる。ときどき「僕は今までこうやって踊ったことはないんだけど、やってみないとね、えへへ」なんて少し照れる。でも、だんだん照れなくなって、すっかりその気になって芝居をやるのよ。

仲代　以前は、ご自分で俳優の前でやるっていうのはなかったような気がしますよね。

野上　もともと照れ屋だし、以前ならやらないですよ。でも、『デルス・ウザーラ』のときは言葉が通じないからしょうがなかったんですよね。アルセーニエフ役のサローミンさんの役をすっかりやってみせるのよ。それをサローミンさんがじっと見てるのよ。前は「そういうことは僕はやりませんから」って言ってたのに。そういう楽しみが増えたのかね。楽しみっていうより、あのへんで、すべて自分の……。

仲代　投影ですよね。自分自身の投影が。

野上　もちろん前からそうだったのだろうけど、それがこまかくなった。自分の思うようにすべて決めていくの。私が一番印象深いのは『影武者』の最初の長いカットよ。そこで息を吸って、こっち向いてどうの……って。

仲代　ええ。あれは二役で、特殊な撮り方してますから、そういうことになるのかもしれませんけれども。でも、監督っていうのは、映画作家っていうものは、自分の生きざまを作品に映し出す。主人公は自分だと思い込んでいるようなところがあるのかもしれません。

野上　うん。思い込むっていうより、思ってるのよ。

仲代　ふふふ。思っている。僕はそれに気づくまで、ずいぶん長い間かかりましたけど。

野上　そうですか。

仲代　だから、主役をもらったときに……主役ばっかりじゃない、いろんな役も含めて、こう考えるようになった。監督は映画を通じて自分自身の生きざまを描きたいんだと。だから、黒澤先生も自分の生きざまを、たとえば主役に映し出している。だから、呼吸の使い方とかまで、野上さんがおっしゃったように細かいところまで気づきだしたんじゃないでしょうか。

　黒澤は八十歳を迎えた一九九〇年から「夢」をモチーフに八編の短編を組み合わせた映画をつくりはじめた。九一年の『八月の狂詩曲（ラプソディー）』に続き、九三年の『まあだだよ』では、老作家（内田百閒《ひやっけん》）と門下生たちとの長年にわたる交流を描いた。

野上　黒澤さんはいつも否定するんですよ。新聞記者に「『まあだだよ』の作家役は、先生ご自身でしょう」なんて問われると。「新聞記者っていうのは、なんでもそういうふうに考える。僕はだいいち百閒さんみたいに偉くないよ」って怒っていましたけど。彼はね、自分の本質を知らないいんじゃないかと思うけどね。あれはやっぱりご自分ですよ。そう私は思うのね。

これは私の解釈だけれども、映画はその作者そのものだと思うのね。どんなかたちをとっても、かならず自分が主人公になってるの、とくに黒澤さんの場合。いや、それじゃないとあんなに情熱を込めてつくれないいんじゃないかと思う。そのぐらい、自分が乗り移っているというのかな。

「人物が動き出した」――とどまることのない創作意欲

黒澤は新しい作品の構想が思い浮かぶと、シナリオ執筆のために京都の旅館に泊まり込んだ。黒澤が泊まる二階の和室に机やベッドを運び込み、朝九時から夕方四時までシナリオづくりに没頭していた。その部屋の隅の机に座り、資料の整理や、監督の身の回りの世話をしたのが小泉堯史《たかし》だ。『影武者』以降、すべての黒澤作品で助監督を務めた小泉は、晩年の黒澤の仕事を間近で見つめてきた。

野上　小泉さんは、部屋の隅っこで一歩下がって正座していたって宿の人たちが言っていたね。師の影を踏まず、みたいな感じで。

小泉　あの部屋に行くときは、禅寺に入るようなつもりでした。先生が起きてくる前にきちんと机を整えて。2Bの鉛筆を削って、わら半紙を半分に切っておいて、いつでも仕事が始められるように、一生懸命やってましたけどね。

シナリオを書き終わった後や食事の間に、監督がいろいろなことを話してくれるんです。その話を聞くのが楽しみでした。でも、前の晩に話していたことがそのまま次の日シナリオ《ほん》になるかというと、そうでもなくってね。ガラッと一八〇度変わったりする。それが毎日毎日つづく。たとえば、二〇〇字詰めで十枚ぐらいの文学を、僕が毎日最初に読めるわけです。

野上　いちばん最初に読めるんだもんね。

小泉　そうですよ。こんなうれしいことはない。先生の集中力はやっぱりすごいですからね。書くというよりも、書かされてるような。

野上　書かされている。

小泉　もうとにかく止まらないんですよ。「人物が動き出した」ってよく黒澤さんがおっしゃっていたけれども。

野上　そうおっしゃいますね。

小泉　本当にもう、せかされてるような書き方ですよ。今すぐつかまえなくちゃって いう感じで。それこそ本当に、自分の中でその人物が動き出しているのでしょうね。

野上　そうおっしゃっていましたよね。そばで見ていて、わかります？

小泉　わかりますよ。だから鉛筆が折れるぐらいの勢いで、もう必死に書いていまし たね。

野上　小泉さんはご存じでしょうけど、『まあだだよ』の撮影後に、仏像を描いてた よね。あれはどういう心境だったんだろう？

小泉　先生は、富岡鉄斎がひじょうにお好きだったでしょう？　鉄斎の画のようなも のを描きたい思いはあったんじゃないでしょうか。山水画もずいぶん描いていました よね。

野上　映画のためじゃない絵を描くこともあったんだね。

小泉　でも、それがいずれ映画に活きてくるんじゃないですかね。まだまだ映画を撮 りたいっておっしゃっていた方ですから。そのときなにげなく描いているものだって、 次の作品に活きてくるんだと思いますよ。

野上　そっか。

小泉　残念ながら、その後の『海は見ていた』も『雨あがる』も監督の手では形にならなかったけど。もっと撮りたいものが、まだまだあったんでしょうから、描いている絵は、自分がこれから撮ろうというものに活きてきたはずじゃないですかね。

別れの言葉はいらない。ずっと映画の夢の中にいる

最後の黒澤作品となった『まあだだよ』のシーン98、第十七回摩阿陀會。この場面で歌われる「仰げば尊し」に、野上は黒澤の晩年の心境が表れているという。

野上　『まあだだよ』の最後のシーンで、みんなで「仰げば尊し」を歌うでしょ。で、先生を見送りますよね。あの歌は「今こそわかれめ、いざさらば」で終わるんだけど、その前のとこで切っちゃう。

「どうして、おしまいまで行かないんですか?」って聞いたら「『今こそわかれめ、いざさらば』なんてイヤだ」って言うんですよ。あの作家先生も死なないで、ただ夢を見てるでしょ、みんなと別れるのがイヤだって。でもね、歌ぐらい最後まで撮ってもいいだろうと思ったんだけど、入れないことに非常に執着しましたね。

『まあだだよ』公開から五年後、一九九八年九月六日、黒澤明はこの世を去った。享年八十八。一週間後の九月十三日に行われた黒澤明とのお別れの會では、映画関係者やファン、およそ三万五〇〇〇人が献花の列をつくった。

野上　「俺は演出家だからね、僕が死んだときのことは想像がつくんだよ。まざまざとその絵が浮かぶ」なんて話していました。「僕が死んだときは、のんちゃんはそのへんでオタオタしている」って笑って。あれだけ人を惹きつける魅力のある人はいませんでしたね。これからもいないんじゃないかと思うんだけど。

当時は私は生意気にそんなことも思わずに、もったいないことをしたと思いますけど。黒澤さんと長く仕事をしてきましたが、十分じゃなかったという悔いが今でもあります。今さら言ってもしょうがないけどね。だから、もし今、あの場所に、黒澤さんの仕事に戻ることができたら、黒澤さんのそばにいることができたら、もっとよくしてあげられるのに、というのが私の実感です。

野上照代　自筆年譜

昭和2年（一九二七）5月24日、東京府豊多摩郡中野町（現・東京都中野区中野五丁目）に、野上巌と綾子の次女として生まれる。四人家族。父・巌は明治34（1901）年11月生まれ、当時は日本大学予科教授。母・綾子（旧姓・村田）は明治36年9月生まれ。姉・初恵は大正13年9月生まれ。その後、大田区大森に転居。

昭和6年（一九三一）3月、父・巌が思想上の理由から日本大学を解雇され、5月杉並区高円寺に古書店「大衆書房」を開き、そこへ一家も移り住む。10月、父（ペンネーム・新島繁）検束される。

昭和8年（一九三三）3月、杉並区高円寺六丁目七二三番地へ移転。4月、杉並区立第四尋常小学校に入学する。5月1日、父検挙。11月釈放。

昭和13年（一九三八）11月、父・巌が唯物論研究会事件で検挙、その後、原宿、中野、世田谷の各警察署をたらい回しにされる。

昭和14年（一九三九）3月、同小学校を卒業し、4月、都立家政女学校に入学する。

昭和15年（一九四〇）4月、父・巌が起訴され、巣鴨拘置所に未決勾留入獄となる。12月、巌、保釈出獄。

昭和16年（一九四一）6月、父・巌、駐日ドイツ大使館翻訳室に嘱託として勤務（昭和20年5月まで）。

昭和18年（一九四三）都立家政女学校卒。文部省図書館講習所入学。女学校在学中、伊丹万作監督『赤西蠣太』を見て感激し、伊丹監督との文通が始まる。

昭和19年（一九四四）3月、養成所を卒業し、山口県の山口高等学校図書室に赴任。

昭和20年（一九四五）8月、山口市で終戦を迎える。秋、帰京し杉並区天沼三丁目八〇三番地に住む。以前住んでいた高円寺の家は、4月か5月の東京西部空襲で焼失していた。冬、再建された日本共産党の事務局員となり、ガリ版ビラの印刷に明け暮れる。

昭和21年（一九四六）人民新聞社の編集局員となる。筒井敬介、菊池章一らを知る。

昭和22年（一九四七）八雲書店入社。月刊誌『八雲』の編集部員となる。同期入社に草柳大蔵がいた。井伏鱒二を知る。

昭和24年（一九四九）秋、伊丹万作氏の遺児・岳彦（故・伊丹十三）の世話役を引き受け、八雲書店を退職して大映京都撮影所へ、スクリプター見習いとして採用される。右京区北野白梅町大野二〇の伊丹万作家の離れで岳彦との共同生活を始める。

昭和25年（一九五〇）6月、野淵昶監督『復活』でスクリプターとして一本立ち。7月、冬島泰三監督『千両肌』、続いて8月、黒澤明監督作品『羅生門』（'50・大映）に参加、黒澤明監督と出会う。太秦帷子ノ辻へ岳彦と転居。

昭和26年（一九五一）9月、『羅生門』がヴェネチア国際映画祭の金獅子賞（グランプリ）を受賞。大映多摩川にて同作品の海外版編集に携わる。

昭和27年（一九五二）東京へ戻り、東宝とスクリプターとして契約し、10月公開の黒澤明監督作品『生きる』に参加。以後、黒澤明監督作品のすべてに参加する。

昭和29年（一九五四）1月、母・綾子、肺結核にて死去。

昭和30年（一九五五）3月、父・巌、神戸大学に講師（二年後に教授）の職を得て、伊丹市に転居、再婚する。

昭和32年（一九五七）5月、黒澤組の撮影助手・斎藤孝雄と結婚（三年後に離婚）。12月、父・巌、肝臓がんにて死去。

昭和40年（一九六五）4月、黒澤監督の二十四作目『赤ひげ』が公開される。

昭和41年（一九六六）サン・アド（広告代理店）入社。大阪万国博覧会サントリー館での上映に向けた映像制作のアシスタント・プロデューサーとして参加。その後、同社にて、サントリー、新潮社などのＣＭをプロデュースする傍ら、黒澤明監督作品『どですかでん』（'70・東宝）に参加。

昭和48年（一九七三）12月、『デルス・ウザーラ』（'75・ヘラルド）撮影準備のためソ連へ同行、1975年、完成まで滞在。

昭和51年（一九七六）サントリーCM、黒澤出演のプロデュース。1979年まで。

昭和54年（一九七九）サン・アドを退社。黒澤明監督作品『影武者』（'80・東宝）にアシスタント・プロデューサーとして参加。

昭和55年（一九八〇）5月、カンヌ国際映画祭で『影武者』がグランプリ受賞。黒澤監督、仲代達矢と共に出席。
9月、パリ、エスパス・カルダンにて黒澤画展開催コーディネイト。

昭和56年（一九八一）10月、ニューヨーク・ジャパン・ソサエティ主催「黒澤作品回顧上映会」及び、帰途、伊・ソレントの「全作品回顧上映」に、黒澤監督と同行。

昭和57年（一九八二）5月、カンヌ国際映画祭創立35周年記念に当り、黒澤監督の特別表彰に監督と同行。9月、ヴェネチア国際映画祭創立50周年記念で『羅生門』が「獅子の中の獅子（過去のグランプリ作品中のグランプリ）」に選ばれ、招待された監督に同行。

昭和59年（一九八四）3月、井伏鱒二を中心とした旅行会に初めて同行し、以降、平成3年まで例年、幹事役を務める。第5回読売「女性ヒューマン・ドキュメンタリー」大賞カネボウスペシャルの応募作品「父へのレクイエム」が優秀賞を受賞。11月、同賞の受賞作品集『かんころもちの島で』が読売新聞社より刊行される。第9回山路ふみ子賞功労賞受賞。

昭和60年（一九八五）黒澤明監督作品『乱』にプロダクション・マネージャーとして参加。以後『夢』（'90・ワーナー）、『八月の狂詩曲《ラプソディー》』（'91・松竹）、『まあだだよ』（'93・大映）と、連続して黒澤明監督作品に参加。

昭和62年（一九八七）9月、女性ヒューマン・ドキュメンタリー大賞に「色のない旗――詩人、竹内浩三を追う」を応募するが、落選（作品の原本は現在、松阪市にある本居宣長記念館に収蔵されている）。

11月から1988年4月まで、『全集黒澤明』（岩波書店）全六巻シナリオ全集に編集協力。

平成5年（一九九三）正月号より『家庭画報』の映画批評欄を担当（2000年まで）。

平成6年（一九九四）1月より、群馬県新田郡（現・みどり市）笠懸野文化ホール企画委員として年4回、黒澤作品を中心にした〝映画と講演の会〟を開催。2004年終了。

平成7年（一九九五）名古屋市主催の〝あいち国際女性映画祭〟（年1回）の運営委員に就く（現在も継続）。

平成9年（一九九七）山形国際ドキュメンタリー映画祭審査委員を務める。

平成10年（一九九八）9月6日、黒澤明死去。
遺稿となった脚本『雨あがる』の映画化が実現し、小泉堯史第一回監督に、旧黒澤組スタッフと共に監督補として参加。

平成11年（一九九九）アスミック・エース・エンタテインメントと黒澤プロダクションの製作により5月6日『雨あがる』撮入。8月完成、9月のヴェネチア国際映画祭に出品され、監督・スタッフと共に出席。

1999年度ベストエッセイ集（日本エッセイスト・クラブ編／文藝春秋刊）に「三船さんの含羞」が選ばれる。


平成12年（二〇〇〇）第13回東京国際映画祭コンペティション作品審査委員を務める。


平成13年（二〇〇一）1月5日、初の著作『天気待ち――監督・黒澤明とともに』が文藝春秋より発売される。

4月、責任編集を務めたムック『黒澤明、天才の苦悩と創造』がキネマ旬報社より刊行される。


平成14年（二〇〇二）1月31日～2月9日にわたって開催されたロンドン・ナショナル・フィルム・シアターにおける黒澤映画祭に出席。

2月より、東宝製作のDVD「黒澤明作品集」の監修を務める。

3月10日～13日（N．Y．）14日～20日（ボストン）の行程で米国テレビ局制作「ドキュメンタリー・クロサワ」公開及び黒澤DVD発売記念の講演旅行。

平成15年（二〇〇三）この年より、早稲田大学、慶応大学、女子美術大学その他での講演を活発に行う。7月29日、乳がん手術のため千葉県鴨川の亀田病院に入院（手術成功。8月20日退院）。11月、ドイツ・ジーゲン大学のシンポジウムに出席。

平成16年（二〇〇四）3月、文春文庫版『天気待ち』が発売される。

平成18年（二〇〇六）2月、黒澤アカデミー設立に伴い、「黒澤明塾」発足、塾頭に就任。5月、経営者と意見合わず、塾は閉鎖となる。6月、かねてより山田洋次監督に提案していた「竹内浩三の青春」映画化が一転して「父へのレクイエム」の映画化となり、吉永小百合主演で具体化。7月に第一稿が上がる。11月、米国ストーン・ブリッジ・プレス社より『天気待ち』英訳本発売される。タイトル「Waiting on the Weather ── Making Movies with Akira Kurosawa」

平成19年（二〇〇七）2月、松竹が山田洋次監督、吉永小百合主演『母べえ』の製作を発表。その原作者として製作に参加。

8月、映画『母べえ』完成する。

12月、『母べえ』（中央公論新社）刊行される。

平成20年（二〇〇八）1月26日、映画『母べえ』（山田洋次監督）公開。

平成20年（二〇〇八）9月、没後10年黒澤明特集『よみがえる巨匠の製作現場～野上照代が記録した19本の黒澤映画』（ＮＨＫ ＢＳ２）放映。

平成22年（二〇一〇）1月、『母べえ』（中公文庫）刊行。

平成22年（二〇一〇）8月、『黒澤明 「七人の侍」創作ノート』（編・解説・二巻組・文藝春秋）刊行。

平成27年（二〇一五）11月～28（二〇一六）年2月、『監督 黒澤明と歩んだ時代～世界は今も夢をみる～』（日本映画専門チャンネル・全5回）放映。

平成27年（二〇一五）6月、『黒澤明　樹海の迷宮』（共編著・小学館）刊行。

平成28年（二〇一六）8月、『天気待ち』（二〇〇一年文藝春秋・二〇〇四年文春文庫）と、『もう一度天気待ち』（二〇一四年草思社）を合わせた『完本　天気待ち――監督・黒澤明とともに』（草思社文庫）を刊行。

あとがき

今年、私は八十歳になった。相当な年寄りである。すでに人生の出口でノブに手をかけている。傍《はた》から見ればあと二、三年もつかと危ぶむのは当然だろう。

二〇〇一年に拙著『天気待ち――監督・黒澤明とともに』を出版してくれた、文藝春秋のベテラン編集者照井康夫氏が私に、「昭和と共にここまで来た過去を振り返って、何か言い残すことはありませんか」と、切腹の介錯人のようなことをおっしゃる。ここで洒落た辞世の句でも詠めれば大したものだが、そんな才能は持ち合わせていない。また、原節子のように神秘的な美女が謎の過去を告白する、というなら喜ぶ読者も多いだろう。しかし私の過去など面白くもおかしくもない。誰も読みませんよ、と断わり続けてきた。

私が師と仰ぐ名匠伊丹万作はこう言う。

青年に。「それが自分と、どんな関係があるのだろう」と、思わせるようなことを人にいってはならない。

（『伊丹万作全集I』〝覚え書〟より）

その通りである。

ところがここに来て事情が変わってきた。

一九八四年、第五回読売「女性ヒューマン・ドキュメンタリー」大賞で優秀賞を受賞した「父へのレクイエム」という、私のいわば自伝風の作品を、山田洋次監督が吉永小百合主演で『母《かあ》べえ』という映画に仕上げたのだ。

当然のことだが、原作も映画のタイトルに合わせて『母べえ』と改題し、新たに再出版されることになった。

文藝春秋の照井氏は、この際、映画『母べえ』の公開（二〇〇八年一月）に合わせて、野上の昭和史を書いておくのも面白いではないか、と提案してくれたのである。書くのが大変だったら、インタビュー形式で、質問に答えてもらい、後でまとめる、という方法はどうか。それなら楽ですよ、とベテランは巧いことを言う。

そう言われて見ると、あの二度と還らぬ黄金の日々を共有した人々も、今では見渡すかぎり寥々《りょうりょう》たるものとなってしまった。今や絶滅寸前の我々生存者が記録に留めておくことは大事なことかも知れない、と思うようになった。

歴史とは具体的な日常の積み重ねなのだから。具体性の中にこそ真実があるのだから。

二〇〇七年四月十一日より、愈々《いよいよ》インタビュー方式による取材が開始された。

聞き手は、映画評論家、元キネマ旬報編集長の植草信和氏と文藝春秋の照井康夫氏。正式に速記者の方も傍にいて、ちょっとした取調室といったところ。その後、酒を飲みながらなどの気遣いをいただき、くり返すこと六回。お二人が庬大な速記録をまとめて下さったものは、優に目方2キロの原稿になってしまった。

私はその中で、私の家族のこと、私生活のことにふれざるを得なかったのだが、今でも忸怩《じくじ》たるものがある。

元来、私は運のいい女だと自認している。

この年齢になってもまだ、二十三年昔の拙文が甦り、映画化されるなど、ツキまくっているのである。

その私の人生の中で、たったひとつ神様が意地悪をした〝不運〟という名の出来事がある。尊敬する伊丹万作さんにいただいた手紙と、戦死した竹内浩三の手紙を紛失してしまったことだ。

その件については、今まで差障りもあるため明らかにしなかったのだが、問いつめられて白状してしまった。照井氏は「もう時効でしょう」と冷静なのだ。

まあ、この世を立ち去るに当たり事実を残すことも何かの役に立つかも知れない。今は蜥蜴《とかげ》が尻っぽを切り離して退散する心境なのである。

いささか気が咎《とが》めるのは、話の流れというものがあるとはいえ、前作『天気待ち』

と同じ話が出てくることだ。過去はいつ振り返っても同じだから仕方がない。

「『赤ひげ』後のクロサワとミフネ」の一文は、『天気待ち』の英訳が、二〇〇六年に米国のストーン・ブリッジ・プレスから出版されるに当たり、外国の編集者の要望に応えて書き下したものである。『赤ひげ』以後の、この二人については諸説があるが、これはあくまでも私が黒澤さんの傍から見た状況の解釈である。

この二人が最後にもう一度、会う機会があったらよかったのに、と思うのは余計な感傷だろう。三船さんが亡くなった九カ月後には、黒澤さんも追うようにこの世を去った。

その他、井伏先生との旅行会の話、キネマ旬報に掲載された撮影現場ルポなど、昔の拙文をかき集めて構成して下さったのは勿論、文藝春秋の照井康夫氏。インタビューをまとめてくれた植草信和氏と共に、お二人に心からお礼とお詫びを申し上げます。また、校正を担当してくれた板垣美智子さんにも感謝します。今なおこういうプロの方に見てもらえるとは有難いです。

装丁の友成修さんにも、私のような素人の意見を聞いて下さったことにお礼を申し上げます。


（'07・11・11記す）

文庫版あとがき

草思社（私はこの社名も好きだ）の、木谷東男氏から、拙著『蜥蜴の尻っぽ——とっておき映画の話』を再版してもよいか、との電話をいただいた。

コロナ騒動の真最中だというのに、有難い話である。

木谷氏は、今や出版界の貴重な存在である。昔はこういう本当の編集者が、出版社を支えていた。

私が、まだ八雲書店という処へ入社したての頃（一九四七年）、作家井伏鱒二氏のお宅へ伺うと、先生の部屋は各社の出版編集者が先生を囲んで昼間から最近の小説を肴に酒を飲み、談笑していたものだ。先生が時々、奥へ向って「おい！」と叫ぶと「ハイ！」と声がして奥様が酒を運んで下さる。

太宰治は、よく先生のお宅へ将棋を指しに来ていたらしい。井伏先生は、太宰のことを「あいつは、可笑しくもないのに、こんなに体をゆすって笑ってみせるの」と、体をユサユサしてみせてくれた。太宰が心中した時、まっ先にどこかの編集者が井伏先生の家へ飛んで来たらしいが、その編集者がドブ川の匂いをプンプンさせていたという。

そして、川ぷちには、川へ落ちまいとする太宰の、ふん張った下駄の跡が残されていたそうだ、と先生は口惜しそうに話してくれた。

編集の仕事をしていて、有難かったのは、なんと！　内田百閒先生（本物デス！）にお会い出来たことだ。四ツ谷駅の、あの橋の下のホッタテ小屋（失礼）に座談会ご出席をお願いに行った時だった。仲々承知してくれなかったが、編集長が、ソレと判る一升瓶をドン！　と出すと、百閒先生は（早くソレを出せよ）と言わんばかりに豹変して、ＯＫして下さったのには笑ってしまった。しかし、本物の百閒先生にお会い出来た編集者なんて、今や私しかいないだろう!!

毎度のこと乍ら、編集の藤田博氏に感謝とお詫び！

野上照代

二〇二一年八月

＊本書は二〇〇七年に文藝春秋より刊行された『蜥蜴《とかげ》の尻っぽ　とっておき映画の話』を文庫化したものです。

草思社文庫

蜥蜴《とかげ》の尻っぽ
とっておき映画の話

2021年10月8日　第1刷発行

著　者　野上照代
発行者　藤田　博
発行所　株式会社 草思社
〒160-0022　東京都新宿区新宿1-10-1
電話　03(4580)7680(編集)
　　　03(4580)7676(営業)
http://www.soshisha.com/

本文組版　有限会社 一企画
印刷所　中央精版印刷 株式会社
製本所　大口製本印刷 株式会社
本体表紙デザイン　間村俊一

ISBN978-4-7942-2543-6　Printed in Japan

草思社文庫既刊

野上照代
完本 天気待ち
監督・黒澤明とともに

黒澤作品の現場のほとんどに携わった著者が、伝説的シーンの製作秘話、三船敏郎や仲代達矢ら名優たちとの逸話、そして監督との忘れがたき思い出をつづる。日本映画の黄金期を生み出した人間たちの青春記！

平野共余子
天皇と接吻
アメリカ占領下の日本映画検閲

天皇の扱いは？ 接吻シーンは奨励しろ。占領軍の映画検閲の実態を初めて総合的に描いた画期的論考。アメリカ公文書館の資料や関係者の証言など一次資料を集めて、その時何が起こったかを記録する。

斎藤明美
高峰秀子との二十年

出会いから、養女となり、最期を看取る日まで、二人の間に生まれた「心の絆」。編集者である私とスター女優が一緒にした仕事の記録。高峰秀子のエッセイ、対談、インタビュー、貴重写真も多数収載。

山田宏一・和田誠
ヒッチコックに進路を取れ

ヒッチコック作品の秘密を映画好きの二人が余すところなく語り明かす。傑出した映像技術、小道具、メーキャップ、銀幕スターから脇役の輝き、製作裏話まで話は尽きない。映画ファン必読の傑作対談集。

フランソワ・トリュフォー　山田宏一＝訳
ある映画の物語

『華氏451』撮影日記と『アメリカの夜』シナリオ、自作二作によりフランソワ・トリュフォー監督が映画創作の内側を赤裸々に描いた本。撮影技術や女優のわがままで、多彩なエピソードが興味津々。

河島みどり
リヒテルと私

音楽を愛し、世界を旅することを愛し、日本を愛したロシアの大ピアニスト、リヒテル。神のこよなき恩寵を受けた音楽家に、通訳、友人として27年間同行した著者が明かす巨匠の素顔と優れた音楽性の秘密。

草思社文庫既刊

わが魂を聖地に埋めよ（上・下）

ディー・ブラウン　鈴木主税＝訳

フロンティア開拓の美名の下で繰り広げられたのは、アメリカ先住民の各部族の虐殺だった。燦然たるアメリカ史の裏面に追いやられていた真実の歴史を、史料に残された酋長たちの肉声から描く衝撃的名著。

ロケットボーイズ（上・下）

ホーマー・ヒッカム・ジュニア　武者圭子＝訳

1957年、スプートニクがアメリカ上空を横切った。炭鉱町に暮らす高校生四人組は、人々の嘲笑にめげずロケットづくりに挑戦する。NASA技術者となった著者の青春自伝。**映画「遠い空の向こうに」原作**

名編集者パーキンズ（上・下）

A・スコット・バーグ　鈴木主税＝訳

ヘミングウェイ、フィッツジェラルド、トマス・ウルフ――アメリカの文学史に残る作家を発掘し、その才能を引き出した伝説の編集者の物語。傑作が生まれるまでの作家と編集者のせめぎ合いを克明に描く。

草思社文庫既刊

出久根達郎
隅っこの昭和

私のモノへのこだわりは、結局は昭和という時代への愛惜である（はじめにより）。ちゃぶ台、手拭い、たらい、蚊帳、えんがわ…懐かしいモノを通じて、昭和の暮らしと人情がよみがえる、珠玉のエッセイ。

出久根達郎
本と暮らせば

本との出会いが人生だ――本と暮らして70年、古書店主にして直木賞作家が綴る本と作家にまつわるエッセイ。知られざる面白い本や本にまつわるドラマ、漱石、芥川、太宰などの秘話を軽妙に濃密に語り尽くす。

谷川俊太郎
一時停止
自選散文1955―2010

詩人・谷川俊太郎の56年間にわたる、生活に関する文章を一冊にまとめた自選散文集。なにかと気忙しく、浮き足立っている近頃、このへんでちょっと一息ついて来し方を振り返ってみましょうか。